傳　　塵　　大　　和　　尚

天

攝　　影　　　／　　　開　　示

鼓

精　　　　選　　　　集

颺

塵

簡

介

傳塵大和尚

師承臨濟宗第五十七世惟覺安公老和尚

全球持誦百萬華嚴發起人

【現任】

寶嚴山寶嚴禪寺總住持

台灣圓道佛教文化交流協進會理事長

寶嚴山寶嚴禪寺文化協會理事長

【學歷】

澳洲新南威爾斯大學管理碩士

目錄

編者前言

楔子

目

錄

編者前言

花 香 不 待 風 ， 天 鼓 自 颺 塵 ，
一 切 隨 心 轉 ， 無 我 也 無 人 。

在這本書裡，寶嚴禪寺總住持傳塵大和尚化身為「當代的善財童子」，開啟了一段深入《華嚴經》教義，並以實際行動彰顯慈悲的探索之旅。

大和尚跨越千山萬里，將過往十年的旅程行跡昇華為一幅幅攝影作品，為其前半生弘法之路留下雋永的烙印。本書不僅匯聚了大和尚十年來精心挑選的攝影作品集，成為他佛法事業中不朽的記憶，更是他對於眾生的一份深情寄語。透過大和尚的視角，我們得以體會到一花一世界、一葉一菩提的真如之美，並從中領悟到華嚴的生活哲學。

在 2023 年的華嚴海會上，大和尚做了一系列深遠的開示，這些啟示不僅豐富了信眾的靈性生活，也為大和尚未來的弘法之旅注入了新的動力。這些開示將節錄於本書，記錄大和尚在《華嚴經》學習和實踐過程中的見解感悟，也彰顯了一位現代修行者如何將古老智慧融入當代社會，以行動證悟法界互融的華嚴精神。

「天鼓颺塵」的幀幀作品，提醒我們不論處於人生何種階段，都要發現自我、超越自我，建立一個無邊界的人生價值觀，並且在喧囂的世界中尋找到內心的寧靜和智慧。在這條荊棘與芳菲交集的弘法路上，大和尚不僅是我們的引路人，更是那位在困頓與光明間，點亮我們心燈的大師。

《華嚴經》中說：「若人欲了知，三世一切佛，應觀法界性，一切唯心造。」大和尚彷彿是一連串心燈，照亮了那條通往真理與悲憫的道路。每一幅攝影作品，每一次的開示，都是對這句偈語的詮釋，引導我們認識到，無論外在世界如何喧囂紛擾，我們的內心才是創造那片淨土的真正動力。

讓我們把心中的每一絲悲憫與智慧，轉化為現實中的每一步行動，共同織就一幅無邊界的生命圖譜。在這圖譜中，每一個人都是自己命運的創造者，每一個瞬間都是圓滿內心自在、平和的機會。如此方能證悟《華嚴經》所說的深遠真理，實現心靈自由的解脫。

本書旨在為讀者提供一個全面了解華嚴法門的機會，每一篇章內容可分為以下三部份：
1. 開啟篇章：由華嚴海會每日司儀中英文內容開啟，引出本章的主題。
2. 傳塵大和尚的開示：提供本章主題的深入解釋、啟發和教導。
3. 聞法筆記：弟子在聽取開示時的想法、感悟和反思，做為章節的結尾和反思。

這種編排方式可以使讀者在閱讀過程中清楚地了解本書的結構，並有助於將各個章節之間的關聯性和連貫性呈現出來，希望這種編排方式能夠幫助讀者更深入地理解華嚴法門，並對日常生活中實踐之道有所啟發。

寶嚴文創院院長 法琰

廢棒和尚之九死一生

如果修行了一輩子，連個消息也沒有，還修不修？
如果生命是一個禮物，它究竟要送來什麼？
藏在《華嚴經》中公開的秘密—不可言，不可說！畢竟不可思議！
佛陀成道開演的第一部經—《大方廣佛華嚴經》，我們何其有幸，得遇一個「千年暗室，一燈即破」的殊勝大法。

在彙編傳塵大和尚「天鼓颺塵」一書過程，與大和尚訪談超過十個小時。細細地去理解一位出家人，出家不知道要做早課的荒唐，以及初出茅廬分派精舍之際，承蒙善知識給予主法機會，爾後不脛而走地開啟未來無數法筵，站在壇前主法，坦蕩蕩的雄心壯志。

這位僧人，從拾起一部大經，統整著百萬菩薩隊伍一步一步前行，一部一部圓滿百萬華嚴宏願，朝著「眾等皆當成佛」不懈前進。彙編本書過程，與大和尚訪談，總編輯給了大和尚一個迎合現代的雅號 -「廢棒」僧人！

什麼！這編輯好大膽子敢輕藐一位出家僧人？該當何罪？！在此之前，請容我解釋「廢棒」二字。什麼是「廢棒」！這是一個新名詞，表示我又廢又棒。

試看一位傑出的頂尖人物，一生的路徑是甚麼？從小努力讀書、努力獲得好成績、努力賺錢、努力取得升遷機會、力拚晚年一個快樂無憂的「退休」生活。許多人都存在這樣既好棒又耍廢的人生觀—不休息地努力，力拚一個好好休息！但是給予一位大和尚這廢棒的詮釋稍有不同，套句江湖話：「俠客廢盡武功，重新再造精彩人生！」這便是廢棒僧人最佳詮釋。當我們什麼都不是的時候，我們就可以什麼都是了！

三千多年前一位 19 歲的少年，疑惑著人為何有生老病死？為何有不平等的對待？這問題有解？還是無解？於是半夜逾城門出走尋找答案。他是悉達多太子。試問，這世界是美好的嗎？如果我們帶著願力而來。這世界是痛苦的嗎？也許我們正受著業力牽引......。

在集體潛意識裡，我們的價值觀是甚麼終將成為甚麼。是願力還是業力？我們是廢、還是棒，還是廢棒兼備呢？我們帶著老靈魂來到這個世間卻用著最稚嫩的長相呈現開始。在生命的時間軸線裡，經由一場旅程「跟著華嚴經去旅行」讓我們回到那個最原始純真的心，這位僧人他叫釋傳塵，他遇見了！一個年輕人，16 歲。對佛法一無所知，在連哄帶騙下剃度出家。從那一刻起，才開始慢慢理解「什麼是出家？什麼是修行？修行會有成道的希望嗎？修行最終目的是什麼？」

在教團裡，別人老實上課，這位僧人卻跑去圖書館遨遊書海，當大眾早晚上殿，隨眾出坡同時，他在世界各地遊歷，試圖尋找出路。在教理的薰修下，對修行法門分析清晰的同時，自有一套修行想法。答案！就在重重無盡的《華嚴經》漸漸明朗了。

「九死一生」？在過去九年弘法之路當中，如同死灰，全然的放下，只為一件事。就如同書裡，傳塵法師自述攀登「安娜普娜 ABC 基地營」的經歷，心無旁騖，直驅目的地。他一生為眾生只做一件事，逢人便說「《華嚴經》誦幾部？」

推廣《華嚴經》於今屆滿十年之際，華嚴海會，風雲再起，堪稱十年磨一劍，於劍潭青年活動中心盛大舉辦為期十日共修大法會。自 2011 年創立圓道禪院，歷經十年的前期生涯是蟄伏、是蓄勢待發、是重整內在的過程。十天圓滿開示，他自喻大鼓，無風自鳴，在《華嚴經》找到一席之地！傳奇，矛盾，甚至自述這是一個離譜的生命旅程......。

精彩的，才正要開始！
如果說，生命是一個禮物，要帶來什麼驚喜，沒有人會預先知道。就在這十年海會再起的此時，一切朗然明白了。這位僧人說道：「我不是釋傳塵，我是天鼓，我在《華嚴經》占有一席之地，無風自鳴！」

《華嚴經》云：「忉利天中有天鼓，從天業報而生得，知諸天眾放逸時，空中自然出此音：一切五欲悉無常，如水聚沫性虛偽，諸有如夢如陽燄，亦如浮雲水中月。放逸為怨為苦惱，非甘露道生死徑，若有作諸放逸行，入於死滅大魚口。甘露妙定如天鼓，恆出降魔寂靜音，大悲哀愍救一切，普使眾生滅煩惱。」華嚴海會十日做獅子吼，驚動天地，樹立寶嚴梵剎！

2024 年寶嚴禪寺即將動土之際，他說：「今年，寶嚴僧團將要為新建工程開始衝刺努力，是一個人的願心嗎？是大眾的精進嗎？冥冥中自有安排！諸佛菩薩假藉你我之手實現普庇眾生的手法不可思議。我輩同行，唯一只有「信」！信法不可思議，信眾生皆有佛性，信我等早發菩提心！只有心心念念，念茲在茲，方能成就無上深法，謹以此自勉勉人，警策而行，將來華嚴會上，你我同流，人薩婆若，圓成佛道。」

寶嚴國際佛學研修院 弘化長 法運

楔子

如果人生，是倒時間逆轉，那會是什麼樣的人生呢？

但確實的，我們帶著老靈魂來到這個世間，用著最稚嫩的長相開始一生，逆著時間走向生命盡頭。在時間的軸線裡，經由一段旅程，回到那個最年輕純真的心，返璞歸真。

找回自己，你，遇見了嗎？

生命逆行的智慧之旅

大和尚的前半生，猶如電影「班傑明的奇幻旅程」中班傑明的經歷，是倒吃甘蔗的過程。

16 歲那年，大和尚偶然因緣上山住道場，那是一個懵懂無知的歲月，悠哉快活的生活裡，對佛法一無所知，對修行不聞其詳，卻在眾人連哄帶騙，大和尚就這樣剃度出家了。

剃度儀式才結束的當天晚上，大和尚的師兄問：「你怎麼那麼晚還不睡？明天怎麼起得來做早課？」「什麼！出家要做早課！」出家後才知道出家人每天早上 4 點半要做早課？又礙於面子不敢還俗，全世界應該只有這一位吧。從那一刻起，大和尚開始探尋著：「什麼是出家？什麼是修行？修行會有成道的希望嗎？修行最終目的是什麼？」

以如此荒謬的開場，一路以來隨著人事物的層層歷練，而今成為一山之總住持。在教團裡尋覓著究竟，在世界遊歷中尋找出路。近二十年的重整內在的過程，答案就在重重無盡的《華嚴經》裡漸漸明朗。如今做獅子吼，自喻天鼓，無風自鳴，在《華嚴經》找到一席之地，傳奇，矛盾，甚至自述這是一個離譜的生命旅程，卻是越來越歡喜的修行之路，精彩的，才正要開始！

回顧出家路程，大和尚感於人心的危脆，面對現今普羅大眾，於法不學、學而不信、信亦不堅、信亦存疑。說：「現代的修行法門很多，想要成道卻不容易。在這個世代要出一位聖人非常不易，但是，要出一位菩薩卻是非常簡單，方法就在佛陀開示的第一部經典—《華嚴經》裡。」

到底《華嚴經》帶給傳塵大和尚什麼？又為什麼選擇了這部經典做為弘法主力？2013 年，大和尚前往喜馬拉雅山，當大和尚背負數十公斤行李，筋疲力盡登至終點一四十多公尺的基地營，才發現基地營竟然是登頂隊伍的出發登山口。眼前迎來一隊平均年齡八十歲的日籍登山者，正開心地踏著他們的歸途。 大和尚笑笑說：「你以為耗盡力氣終於達到的巔峰，才發現那裡只是人家的起點！」

十年後，在 2023 年華嚴海會的十場開示中，和尚揭示了：《華嚴經》，就是百萬菩薩登玄門的起點。

01

穿越千古的久別重逢

生命就像微塵，飄往那裡？與誰相遇？

In this fleeting life, our paths entwine,
A meeting with the Buddha, truly divine.
What shall you bring to realms yet unseen?
Before reincarnation's eternal screen.
Life is like a speck, in which we're whirling,
In this ancient dance, our souls are swirling.
Here at the sacred mandala ground,
For ten days, Hua Yan's wisdom profound.
With solemn devotion, our eternal light,
A promise of an eternity of wisdom and light.
Before entering the World of Hua Yan,
Please let go off all your illusions and attachments as
Master Chuan Chen taught us.
Focus on your breathing.
As you breathe in, smile gratefully and gently.
If you chant the sutra with all your heart, your mind will be
at ease.

這都是亙古的因緣，今天所有的大眾齊聚在此，用未來
的十天，一起來誦持《華嚴經》，用你最莊嚴的虔誠，
祈許自己一個慧炬光明的永恆。
在我們即將進入華嚴世界之前，請將萬緣放下，如同
傳塵大和尚所開示的，放下心中的妄念和執著。把您的
心集中在呼吸，呼吸的時候，微笑地感恩。只要誦經入
了心，我們就能在華嚴的世界裡安了心！

奇哉奇哉。此諸眾生云何具有如
來智慧。愚痴迷惑。不知不見。
我當教以聖道。令其永離妄想執
着。自於身中得見如來廣大智
慧。與佛無異。

《大方廣佛華嚴經 · 如來出現品》

華嚴海會・首日・卷一～卷八・傳塵大和尚開示節錄

十年磨一劍，海會雲來集

今年 2023 年是發起持誦《華嚴經》共修第十年，所以擴大舉辦。這也是從圓道禪院邁向寶嚴禪寺的一個里程碑，與會大眾從海內外各地來參加這個華嚴勝會。推廣這部經，目前已經在世界各地流通了三十萬套。

聽到《華嚴經》通常大家會說：「這是佛陀成道講說的第一部經典。」一般人都說：「這是菩薩聽的經，我們凡夫聽不懂。」所以一直與之擦身而過，只聞其經，卻不讀此經，然後就束之高閣，因為誦讀這八十卷的大經，實在不是件容易的事，正所謂高山仰止啊！

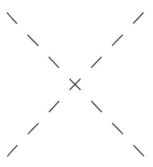

《華嚴經》第一卷‧〈世主妙嚴品〉內容是什麼？是十方諸大菩薩、世間主、諸天神王、各地的護法善神等等，海會雲集來參加這一場殊勝的華嚴勝會。華嚴勝會是什麼緣起呢？是因為佛陀成道了。佛陀成道，不捨一眾生所以開演大法。為什麼講這一部《華嚴經》呢？他說：「奇哉奇哉，一切人地有情眾生，皆具如來智慧德相，只因妄想執著而不證得。」佛陀說：好可惜，我們眾生，只要不打妄想，不要執著，就是佛！ 菩薩知道娑婆世界有人成佛，他們就來參加這個勝會，所以《華嚴經》第一卷就是介紹出席法會的世間主。

若有聽聞《華嚴經》，凡夫亦發菩提心

《華嚴經》是講給菩薩聽的嗎？菩薩還需要聽嗎？其實《華嚴經》是留給我們這些凡夫最好的保障，因為我們想修菩薩行、想學菩薩道。

師父會勸大家要發心，發菩提心，但是我們這些善根微薄的眾生，一聽到發菩提心都自動解讀：「師父你說吧，要出多少錢？」大家不要解讀要出錢，要來做苦工才叫發菩提心，不是的。

想想看一個人他用什麼心願意持誦一百部《華嚴經》？因為他很乖聽師父的話嗎？大家以為師父開口大眾就會念嗎？沒有的。《地藏經》裡面講：「南閻浮提眾生，難調難伏」。願意念誦的人，是他們過去就已經發了很殊勝的願力要成就這一場華嚴勝會。《華嚴經》是大乘法門，「大乘」是什麼？大乘比喻車子。隋朝智者大師開示，我們要開得起一台大車，第一個條件是什麼？第一個條件叫做「真正發菩提心」。我們有沒有真正發菩提心呢？如何才叫做真正發菩提心？

想必大眾初初用功時：「這經到底念不念得完？這才第一卷，往後翻一翻，怎麼還那麼多？還有八本！」這不叫做真正的發心。反之，再看看念了一百部的這些學員，他們說：「不會啊！就這樣每天念，很快樂。」所以大乘法門依靠什麼讓我們真正發菩提心？「信為道元功德母，長養一切諸善法」，在於你相不相信自己。

上個月師父去廈門，遇到了一位老菩薩，老菩薩八十二歲。她跟我講了一句話：「師父，飯可以不吃，經不可以不念」！從去年拿到這一部經之後，她說她一天念十卷。一位八十二歲老太太，飯可以不吃，經不可以不念！她現在已經念了三十四部。我們覺得一百部《華嚴經》在生命當中，這一個不可思議的旅程，我們要花多久的時間去圓滿它呢？而這位老菩薩用了三年！我們有的菩薩用七年、六年，也有一位法梵菩薩兩年念一百部，現在第三年，他已經念了兩百部了，這就是證明這個法門真實不虛。

你問這些人他有沒有發心？他說發心就像喝水一樣，稀鬆平常。修習佛法要發菩提心，不發心怎麼念得下去？所以我們如果念不下去，也很可能證明我們沒有真的發菩提心。這是一個很好的試驗，可以試驗自己的心夠不夠真誠？大眾不用講說山盟海誓，但你可以跟佛陀發願：「我發願，我要圓滿這個殊勝的功德，而這殊勝的功德不為了什麼，只為了證明我是真正發菩提心。」

「量變造成質變」，心是有一個品質的。我們心很散亂、是煩惱心、是妄想心，但這煩惱妄想，不能任由它一直逼迫著我們輪迴，輪迴是無止盡。師父幫不了大眾脫離輪迴，就像佛陀也幫不了阿難去遭受摩登伽女的磨難，要自己發心才能真正脫離輪迴。發心也不是出多少錢就能解決，布施錢財只是六波羅蜜的開始，「般若」才是六波羅蜜最珍貴的保障。

不可思議《華嚴經》，六波羅蜜轉法輪

如何啟動六波羅蜜的法輪？這十年來，我一直推廣這部經典，就像現在登記的學員，已經有三十幾位誦持超過一百部《華嚴經》。想想看，我們要去哪裡找到一個「不可思議」？要去哪裡見證一個奇蹟？什麼叫做不可思議解脫境界？當你從來沒有聽過這部這麼大部的經典，正在懷疑「真的有人念嗎？」今天就證明有人念，而且還超過了一百部，這就叫「不可思議」。一般人，吃香喝辣日子那麼好過，誰願意這麼辛苦一個字一個字去誦經？結果竟然有人願意發心，而且他們就坐在這裡，證明這個法門是真實的！就好像今天我們誦讀的第一卷〈世主妙嚴品〉就是那麼真實。

《華嚴經》的法我們能懂嗎？師父告訴大眾，我們一定能懂。佛陀留下這個法，不是留給菩薩的，是留給我們這些佛弟子。雖然我們還沒有真正發菩提心，但是我們想學一個法門可以跟佛一樣，可以真正發菩提心。所以不要妄自菲薄說：「這個華嚴大法我們聽不懂。」聽不懂就念，沒有關係，念經本來就是佛教徒最喜歡做的功課。念到 百零八部圓滿了，你就知道什麼叫發心了，所謂「讀書百遍，其義自見。」

人站在高處往下看，茫茫人海，芸芸眾生，這些人都是我們應該度化的。已度、未度、當度的眾生；已成就、未成就、當成就的一切眾生。你跟我，我們現在雖然是一介凡夫，但不妨礙我們從今天開始。我們在誦經的時候會念到，有很多菩薩眾等來參與法會。所以走出去，人家問：「你今天去做什麼？」你就說：「我去參加一個法會，好厲害、好多人哦！」「有多少人？」你要跟他說我們有一千萬個人。為什麼？因為經文說，從東方來一百萬個菩薩、西方來一百萬個菩薩、南方來一百萬菩薩，總共十方各來一百個萬菩薩，那是不是一千萬位海眾來參加！五月天演唱會還沒有我們人多，對不對？大家齊誦起來，盡虛空遍法界，只要有經典持誦的地方，就一定有那麼多菩薩來護持，我們在這裡不到一千個人，卻有一百萬個菩薩。算一算，一千位菩薩看顧一個人，只要大家願意發心，就不相信我們不會成佛！

效法普賢行願力，成佛教學好手冊

《華嚴經》，是從零開始直到成佛的教學手冊。

「無上甚深微妙法，百千萬劫難遭遇，我今見聞得受持，願解如來真實義。」這【開經偈】是誰寫的？大家都知道是武則天。所有的佛教徒要誦經前，都要先念【開經偈】。而這偈語又是為了哪一部經撰寫？就是《華嚴經》。去書店買書，第一名暢銷書我們就有興趣去看看。一樣的道理，這本《華嚴經》是武則天推薦第一名的書。

「富貴華嚴」，這是皇帝在讀的書，我
們雖然沒辦法做皇帝，但是我們可以感受一
下大王的風範，感受一下菩薩的心境，感受一
下如來的慈悲，這些都在這部經裡，包羅萬象。
這麼好的一部經典，我們竟然「聞所未聞」，有沒有
好可惜？現在大家不用擔心。借用弘一大師所講「悲欣
交集」。的確，我們到這時才接觸到這個大法，哀嘆過去蹉
跎人生，一則以憂，一則以喜。今天我們學會了一個法門，叫
做發菩提心，真正發菩提心，從此就是最值得歡喜的一件事情。
經上說發起初心歡喜地，這世界還有什麼事情比發菩提心更值得歡喜
呢？因為從今天開始直到佛地，永不退轉，這個就是華嚴的功德。

佛以一大事因緣來到這世界，叫做「開示悟入，佛之知見」。什麼是佛的知見？
佛的知見就是佛的心、佛的智慧。佛的心、佛的智慧要怎麼說？《華嚴經》：
「大海中水可飲盡，無能盡說佛功德」。從現在開始，八十卷的《華嚴經》，
大家不要猶豫、不要蹉跎了，不要再錯失良機了，成佛之路從今天開始
你一定會收穫滿滿。

Avatamsa

k a s u t r a

聞法筆記: 心海波瀾‧轉念即菩提

在《華嚴經》的開篇〈世主妙嚴品〉為我們揭開了一幅宏偉的畫卷。來自四面八方的大菩薩、世間之主、眾神及護法善神齊聚一堂,共同見證了一個歷史性的時刻——佛陀的成道。佛陀選擇此時啟示我們:「奇哉奇哉,一切大地有情眾生,皆具如來智慧德相,只因妄想執著而不證得。」這句話指出,達到悟道的關鍵,在於捨棄妄念與放下執著。

《華嚴經》不單是向菩薩傳授佛法的經典,它還是引領我們每個人走向菩薩之道的明燈,指導我們在塵世中尋找靈魂的轉變與成長的途徑。十年磨一劍所啟建的華嚴法會,是一次新的探索,更是一段堅韌不拔的修煉之旅。學員們懷著堅定的願望和決心,一心持誦,為了實現一次輝煌的法會而不懈努力,體現了修行的真諦。

透過《華嚴經》，我們得知，眾生之所以輪迴和造作惡業，往往是因為結交了不良之友。然而，法會中菩薩的參與告訴我們，如果能夠日常與菩薩為伴，就能獲得淨化與解脫的力量。對於功德的讚歌——「見性是功，平等是德。」，這不只是六祖大師的教導，也是我們修行路上的指路明燈。

這是一個關於信念、決心與修煉的故事。佛陀的話語「得未曾有」，提醒我們，追求菩薩道路的無限可能與實踐始終在我們心中。發起菩提心，是進入大乘法門的關鍵，它不僅體現了對自我極致的愛護，也是為了一切眾生的利益而發起的偉大願望。

面對修行路上的迷惑與挑戰，《華嚴經》用「信，是道的根本和功德之母，養育一切善法」的教誨，賦予我們無比的智慧與力量。從《華嚴經》汲取智慧與慈悲，將我們的心靈轉變為菩薩道上的莊嚴淨土，實現內心的佛國世界。

在這個變幻莫測的時代，能夠親近《華嚴經》的深邃教義，是我們莫大的幸福。正如佛陀所言：「大海之水，可望而不可及；佛的功德，無窮無盡。」讓我們一起在這條菩薩之路上，共同編織一片光明與和諧的未來，點亮世界的每一個角落，讓愛與智慧的光芒，溫暖每一顆尋求光明的心。

信為道元功德母，長養一切諸善法。

剎塵心念可數知，大海中水可飲盡
虛空可量風可繫，無能盡說佛功德

以願導行

當願眾生

修行最重要的是善
用其心，期許我們
每個人都能當願眾
生、以願導行，讓
人生的下半場不再
有任何罣礙。

The most important aspect of practice is to make good use of our minds. He hopes that each of us can aspire to benefit all sentient beings and guide our actions by these aspirations, so that the second half of our lives is free from turbulences.

善用其心

善用其心　當願眾生

《大方廣佛華嚴經‧淨行品》

華嚴海會‧第二日‧卷九~卷十六‧傳塵大和尚開示節錄

人間世紀大哉問，生從何來死何去

我們為什麼會來到這個世界呢？以前去新加坡時，有一位住持法師回答：「是被業攪進來的。沒有業，我們就不會來了。」隨著《華嚴經》經文，我們恭請諸位菩薩、護法善神來到壇場參與華嚴勝會。經文上揭示這世界是怎麼形成的，地上有風輪，風輪支持著金剛際就形成了我們的土地。

佛經裡常說：「世間無常，國土危脆」。這個娑婆世界，五濁惡世的眾生輪迴很苦。但《華嚴經》裡面有非常多的世界、無量的佛，每一個世界都有菩薩海會雲來集，每一個世界都有佛常住在世。釋迦牟尼佛在娑婆世界成佛，佛就在這華藏莊嚴世界當中，這裡也是毗盧遮那如來住世的地方。經典裡曾經記載，有一天，舍利弗問佛陀，您每次都告訴我們佛國世界的樣貌，每一個世界都無比莊嚴殊勝，可是現在，我們眼前所見的這個世界好像不盡

如意，釋迦牟尼佛的世界怎麼就不圓滿呢？佛陀說，那是因為你用凡夫的眼睛看這世界。今天你既然問了，我就滿足你的好奇心，讓大眾看看從我眼裡看到的娑婆世界長什麼樣子。佛陀以腳踩地，世界頓時變得莊嚴無比。

《楞嚴經》：「如來按指，海印發光，汝暫舉心，塵勞先起。」娑婆世界是莊嚴的還是染污的？我們起心動念，這個世界就成了娑婆世界，而佛陀起心動念，雖然是在娑婆世界，但是一個娑婆，卻呈現兩種樣貌。我們為什麼不能同如來的眼一樣呢？所以，一開始經上就問，什麼是如來的眼、如來的耳、如來的鼻、如來的舌、如來的身、如來的語、如來的意？

地方更改習不改，何處才是佛淨土

剛出家的時候常想著，「出家修行那麼苦，這世間快樂的事情那麼多，我為什麼不去享受呢？」想想看，這世上我們最愛的是誰？是自己。為了自己，

我們用大半輩子的時間,養成了很多愛自己的習慣,還有自己最愛的習慣,然後要改掉它,這叫做修行。「這不是很苦嗎?我都習慣了,還要改掉它。」習慣需要改嗎?這是一個很大的問題!

舉個例子,我們常講「龍交龍,鳳交鳳,老鼠的兒子會打洞」。有人就說:「我現在有鑽洞的習氣沒有關係啊!當我是龍的時候,就不會鑽洞了。」那麼,習氣有需要改嗎?鑽洞的習氣有需要戒掉嗎?就好像有人覺得,我需要花時間去修這輩子養成的習慣嗎?想要改掉,最簡單的辦法是什麼?誤以為換個地方住就好!「在娑婆世界養成貪瞋癡的習氣,等以後到了阿彌陀佛極樂世界,就會養成念佛、念法、念僧的習氣。換一個地方住就好了嘛!」這是一般人的想法。真的是這樣嗎?《華嚴經》裡,也有那麼多佛國可去,換一個地方住就是淨土了。真的是這樣嗎?

自淨其心隨所住,斷惡修善成淨土

我們想想看,娑婆世界是在釋迦牟尼佛的教法下,曾經,我們也是從他方國土投生到這裡。可是住著住著,就住成了什麼樣子?就好像我們的家總是雜亂不堪,有一天來到旅館,剛入住旅店乾乾淨淨的。到了退房時,房間就變得雜亂不堪。因為習性不改!所以,要去極樂世界嗎?阿彌陀佛很歡迎大家,但是去了之後,極樂世界會變成什麼?就變成娑婆世界!因為我們的心不善,到哪裡都是娑婆。反之,心若善,到哪裡都是極樂!

我們用很多辦法修行,但是修行很辛苦。也不是每個人都有勇氣出家走「上求佛道,下化眾生」的無上菩提道。那怎麼辦?就應該業障嗎?就應該墮落三塗惡道嗎?不是,是因為我們不懂。我們講「如來按指,海印發光」。這「海印三昧」是最有名的三昧,是化穢土為淨土的三昧。海印三昧是《華嚴經》教我們修煉的三昧,只要把《華嚴經》用功到最極致,就能獲得大海印三昧。此後無論到哪裡,穢土都能變成淨土。《華嚴經》之所以厲害就在這裡。

佛陀教法的本意在《華嚴經》。教我們一個法門,在任何地方,無論是淨土還是穢土,隨所住處「若是經典所在之處,即為有佛,若尊重弟子。」這就是海印三昧的功德。海印三昧力,讓我們到每個地方都能化穢土為淨土,不需要等誰蓋一個淨土讓我們去,而是我們要創造一個淨土,歡迎每一個眾生來修善斷惡。這就是佛的本懷、佛的本意,是非常厲害的三昧。用功是自己的事,這法門很簡單,請一套《華嚴經》回去就可以誦讀一輩子,邀請大眾,我們一起來成就化穢土為淨土的功德。

自淨其心
隨所住

大眾發心誦華嚴，此處就是淨土鄉

我們講報十有凡,聖同居土、方便有餘土、實
報莊嚴土、常寂光淨土，想要去哪一個？常
寂光淨土是佛的功德，佛才能住；實報莊嚴
土是菩薩的功德，菩薩才能住；方便有餘土
是阿羅漢的功德，阿羅漢才能住。我們所在
的這個土是不是凡聖同居土？是。我們有凡

夫，有聖人，這就已經在淨土了。為什麼還要再求一個淨土呢？我們身在三善道之一的人道，不就是一個淨土嗎？我們能來念經、修行，能來斷惡修善，這不就是淨土的功德嗎？為什麼還要去另外一個報土？佛在每一個世界，都是「今現在說法」，過去已說、今說、當說。有無量無邊的世界，重重無盡，我們嚮往這些無量無邊的世界，大眾發心持誦《華嚴經》，這個世界就會像《阿彌陀經》講的：「其土有佛，今現在說法。」這裡就是淨土。

所謂「習性」是這樣的：在這裡我們吃米飯，出國了，還是選擇吃米飯。同樣的道理，我們無論到任何報土，習性若不改，到哪裡都叫凡聖同居土。現在已經凡聖同居了，已經求來淨土了，已經身處在有佛之世，不是無佛時代。剛剛念的經文裡，有的世界有佛，有的世界沒有佛，我們的世界是有佛住世的，我們還有無上甚深微妙法，我們可以修行，可以斷惡修善，這就是最大的福報。

淨行誓捨輪迴路，善用其心身語意

「如來按指，海印發光。」如來的功德，海印三昧現前，這世界就是無量的莊嚴，「汝暫舉心，塵勞先起。」我們的起心動念，都是客塵煩惱，塵勞先起，所以我們輪迴。《地藏經》也提到，我們的起心動念，無不是罪，無不是業。在《華嚴經 淨行品》，智首菩薩問文殊師利菩薩要怎麼做？什麼才是如來的眼、如來的耳、如來的鼻、如來的舌、如來的身、如來的語、如來的意？我們起心動念就是身業、語業、意業，所以一直輪迴，想發心卻總是犯下種種過失，好心卻一直做壞事。這是一個很大的問題，不是我們天生壞，是我們就算有心，還是做錯，所以智首菩薩問文殊師利菩薩，要怎麼做才是無過失身語意業？

佛說世上有二種健兒，一者自不作罪，二者作已能悔：世界上有兩種健康的人，一是犯了過錯之後懺悔，就會回復清淨，如同回復健康；另外一種健康的人則是從來不犯錯。平時我們為什麼要辦法會？為什麼要拜懺？因為我們犯錯要懺悔。拜完懺之後，明年為什麼還要再來？因為每年都會犯錯，所以每年還要懺悔。無止盡的輪迴，不知悔改，所以修行路走起來真的很辛苦。最快樂的修行路應該是學習一個不再犯錯的法門，這才是究竟，這才是最重要的功課，身業、語業、意業都不要再有過失。

要怎麼修才可以無過失身語意業？平時誦《金剛經》是為什麼？因為我們沒有智慧，所以想求得智慧。念了一千部，念了二千部，我們現在有智慧了嗎？可能還是沒有。為什麼？因為煩惱、執著。為什麼用功那麼多，獲得的效果卻只有「些微」呢？所以智首菩薩問文殊菩薩，

如何能在做事情的時候「以智為先導」。做事情的時候要先有智慧，我們的身業、語業、意業就不再有過失，不犯錯就沒有過失，就不用再懺悔，這個方法很厲害，學會了這個方法，就能證到海印大三昧，到任何地方，都能夠化穢土為淨土。

於是，文殊師利菩薩回答智首菩薩四個字，叫做「善用其心」。我們的心，錯用心，用錯心。平時在罵小孩功課寫不好時常說：「你都不用心！」現在把這手指頭回來對著自己：「要用心！不要輪迴了！要沒有過失！要以智為先導！」華嚴法會怎麼組成的？這場華嚴海會我們有很多用功、精進的菩薩在我們身邊，他們都是圓滿百部《華嚴經》的菩薩，我們應該學習他們的精神，不妨去問問他們：「你們是用什麼樣的心，可以這樣每天持續不間斷地用功？」一起跟他們學習善用其心的好方法。

聞法啟示

二二二 二二二 S二二二

佛陀視角見人間

佛陀視角見人間

在佛教豐富的經典寶藏中，《華嚴經》以其深邃的哲理和浩瀚的視野，為眾生描繪了一幅幅宏偉的佛國世界圖景。第七卷〈世界成就品〉，經文詳述了由風輪所支撐的金剛際，如何形成了這個世界的根基，展示了無數的世界和佛國，每一處都有佛常住其間。

然而，面對這些莊嚴壯麗的描述，舍利弗尊者提出了一個問題：「為何我們眼前的這個世界，似乎並非如佛所說的那樣完美這個世界。」佛陀以深邃的智慧回答：「這是因為你們用凡夫的眼光來觀察這個世界。」佛陀的回答提醒我們，世界的本質並非固定不變，而是我們心念的反映。正如《楞嚴經》所言：「如來按指，海印發光，汝暫舉心，塵勞先起。」我們的心念起伏，便能造就不同的世界。因此，《華嚴經》不僅是一部經典，它更是一面鏡子，映照出我們心中的佛國。

修行，並非僅僅是改變外在的行為模式，更是一種心靈的轉化。《華嚴經》中的教誨，告訴我們要如何將心轉向善念，如何將穢土轉化為淨土。正如大乘佛法常說：「菩提心是道場的種子。」我們的每一念善心，都是修建內心道場的基石。

在面對人生的種種困惑與挑戰時，《華嚴經》提供了無上的智慧與指引。文殊師利菩薩的教誨：「善用其心」，是對我們的最高勉勵。每一個瞬間，都是我們修行的現場，每一念心，都是我們創造淨土的機會。當我們能夠在每一個當下，用正確的心念面對生活，那麼無論身處何地，都將是我們心靈的淨土。

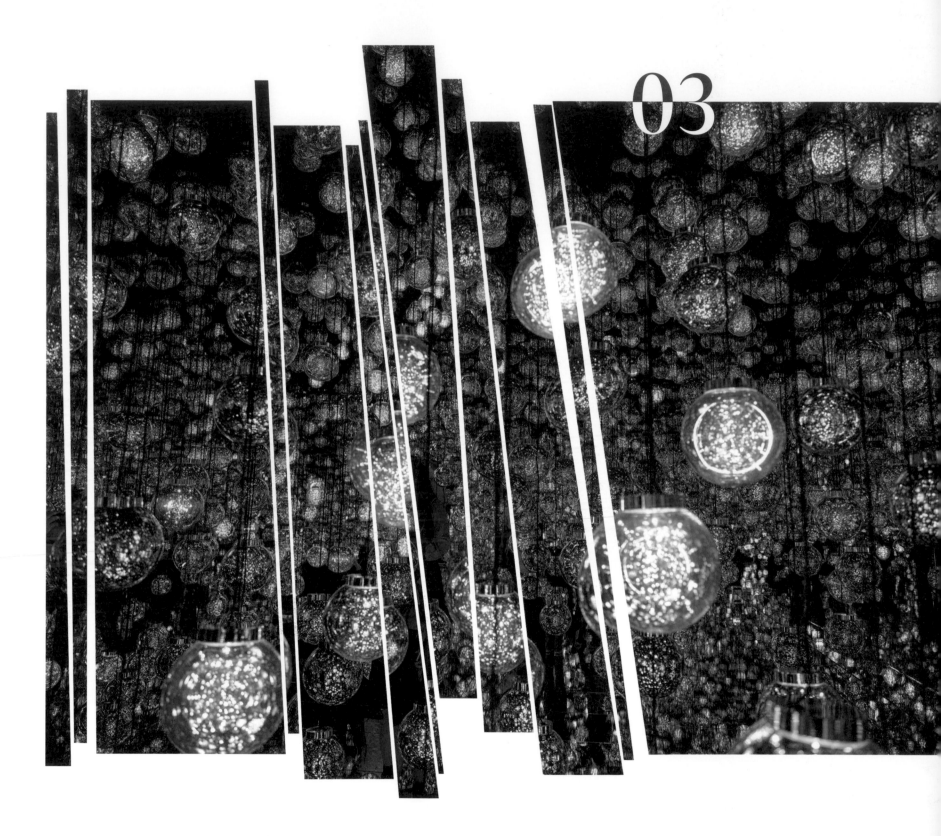

03

又放光明名寶嚴

此光能覺一切眾

令得寶藏無窮盡

以此供養諸如來

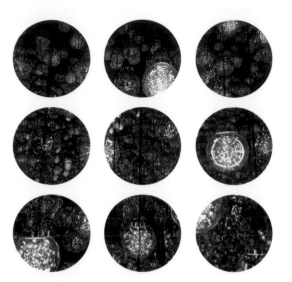

HUAYAN SUTRA

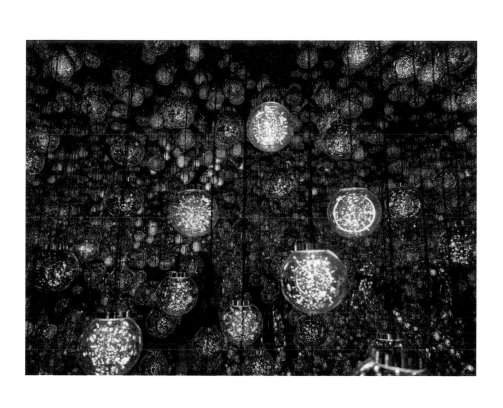

人生是場自度的修行,與其預先找到師父超度助念,不如從現在開始,用功誦持《華嚴經》,將功德迴向給自己,甚至累劫累世的父母與後代子孫,這才能成就一場生命的圓滿。

Life is a journey of self-transcendence, as Master Chuan Chen shared in teaching. Instead of relying on finding venerables for preparing for salvation, it is more beneficial to begin diligently reciting the Hua Yan Sutra from now on. Dedicate the merits to yourself and extend them to parents across lifetimes and future generations. Only through conscientious efforts can one achieve the fulfillment of a complete and meaningful life.

於諸病苦，為作良醫。於失道者，示其正路。於闇夜中，為作光明。於貧窮者，令得伏藏。菩薩如是平等饒益一切眾生。

《大方廣佛華嚴經 · 普賢行願品》

華嚴海會 · 第三日 · 卷十七～卷二十四 · 傳塵大和尚開示節錄

時光歲月不待人，用功學佛要及時

有一首歌：「牽著你的手，跟你一起慢慢變老。」我們推廣《華嚴經》的過程有很多特別的記事。有一天，一位七十歲的老菩薩跑來跟我說：「師父，我要皈依你」。我說：「你到現在才要皈依啊？」他說：「不是，我以前年輕時皈依的老和尚已經走了，現在沒有師父了。如果現在再去拜一位老和尚，不可靠，所以要找一位年輕的師父，這樣我往生時，師父就會送我一程。」我聽了突然警覺到一件事情，我雖然年輕，但我的學員都老了。我就是不想要跟誰牽著手慢慢變老，我才跑來出家的。我沒有「牽手」（妻子之意），為什麼現在出家了，卻要做一樣的事？陪著你們慢慢老去，一個一個送別，等著我用功迴向給你？這不行，再怎麼用功也送不完這麼多人！而且我也發現，以前那個青澀的年輕法師也漸漸不復往昔了，所以我們不能再任由歲月蹉跎下去，該怎麼辦？

曾經有位居士跟我分享，有一天，有位老菩薩捧著一百萬拿去給住持師父，他說：「這是我死了以後的棺材本。我不要等到死了之後師父才幫我念經，我要你現在幫我做一場梁皇法會，我這一百萬拿來供養，我要活著的時候拜我自己，我不要死了之後拜」。這事給了我一個很好的點子，我們活著的時候不用功念佛、誦經、禮佛，死了才要等師父送？做法師的日子裡，真的送過很多人走，看過太多人往生了。還有一次去喪家助念，聽到喪家跟葬儀社談亡者後事要怎麼辦理，剛好我去上架房，聽到葬儀社與家屬的對話：「我們有Ａ套、Ｂ套、Ｃ套，不知道你要選用哪一套」？喪家的孩子說：「哎呀，我都聽不懂啦，你就給我最便宜的那一套。」我突然很驚訝！那是你的爸爸、你的媽媽，你用最便宜！？他留給你那麼多錢，然後你選擇用什麼？如果拿到遺產，我們會用上等棺材，還是用最便宜的那一套？人心我們無法猜測。所以不要等待子女給我們用「最便宜那一套」，我們有錢應當布施，要趁早為自己積德修福，真真實實是這樣。聽了好多故事，看了好多人之後，最後覺得不行！這樣下去沒完沒了，輪迴太可怕了，那時就想我一定要去推廣《華嚴經》。

八年前，剛好開始正式推廣《華嚴經》，推廣時一直找不到理由去強迫每個人念經。正因為這位老居士七十歲來皈依，我就突然想到一個理由了。我說：「你現在是我的皈依弟子了，你七十歲。」他說：「師父，我七十歲那麼老，我不用念了，你以後幫我念就好了」。我說：「我現在推廣《華嚴經》，你要來跟著念。你看你有四個孩子，你這大老闆一輩子賺了那麼多錢，你留給他們，我跟你講，他給你用『最便宜的那一套』喔！」。他說：「不用擔心，我兒子是有學佛的。」「學佛更不行，到時他

就只有給你念經，連最便宜的都不辦了。」我就哄他說：「你有四個孩子，每一位要先迴向一部給他們，以後送你走才會辦得風風光光的。」他回去後就乖乖念了四部。

念了四部後，回來找師父。「師父，我做完了，可以了嗎？」我說：「不行，你還有兩個孫子，每年都要去陪孫子，你的孫子都是 ABC (American Born Chinese)。我跟你講，以後他們就去信阿門(基督教)，你走的時候，他從國外搭飛機回來見你最後一面，到告別式的時候就說：我是阿門的，那個上香我們不進去。」他說：「對哦，好可怕！」「那你要再念兩部，一人念一部給他。」於是我就又再騙他念兩部，結果就這樣半哄半騙，八年的時間，到現在他已經念了兩百一十六部《華嚴經》了。經過這些點點滴滴，真的體悟《華嚴經》是可以推廣的。

百部宏願《華嚴經》，二十五年長計畫

在推廣《華嚴經》的時候發現，平均每個人來學佛大概都是四十、五十歲左右，這也表示，差不多都等著師父送你。為什麼？因為覺得修行有用嗎？才剩幾年的時間還可以修嗎？能修出什麼嗎？算了，就等師父來送我走就好了，對自己的修行生不起信心，沒有希望，非常悲觀；要不然就是只想一心念佛，求生西方。曾幾何時，學佛怎麼變成一種「保佑文化」了，全靠佛菩薩保佑我們？而《華嚴經》是完全不一樣的狀態，是我們要保佑別人，不是別人來保佑我們。

於是我就分析一般人五十歲來學佛，差不多會學多久？人生真的是無常，當然，我也是看過很年輕二十幾歲就走的人。但如果以比較吉祥圓滿的想法去計算，以世俗

來講，八十掛紅就可以走了，五十歲來學佛，八十歲走，那學佛時間就只有三十年時間。三十年時間你不能講說，我最後臨終十念！普遍看來，要能念佛走的還真是不多，大部分的人都怎麼走？做醫生的最清楚。我們有位醫生很有趣，他說往生最幸福的走法是什麼？就是心臟病，五分鐘就結束了；人最慘的是什麼？插管十幾年走不了。人生很諷刺，我們沒得選擇怎麼走，所以不能滿打滿算說八十歲，掐頭去尾算一算，一個人學佛的時間大約二十五年。

二十五年能修什麼？於是，我就想如何幫助每一個人。這輩子我希望每個人兩眼一閉、兩腿一伸的時候，能感受到「無上甚深微妙法，我已聞、我已讀、我已持，我今生不虛此行。」所以我就幫忙大家計算二十五年：《華嚴經》有八十卷，一天念一卷，念完一部要三個月的時間八十天。依此計算，一年有四季，四個三個月。如果我們一天持誦一卷，一年可以念四部《華嚴經》。所以 4*25=100 部。同時也發想說，一位合格的佛教徒每天要做定課，每天念一卷經，念誦一卷大約只要半個小時而已。一天二十四小時，半小時你都不願意貢獻給佛陀，供養自己的法身慧命，你說你要脫離輪迴、要解脫嗎？這閻羅王是不講情面的！

在踏進這個壇場之前，你曾經聽過有人念一百部《華嚴經》嗎？在這世界應該沒有。當聽到介紹我們會長念了一百二十部，我們的功德主、法師念五百部《華嚴經》，你會油然生起一個恭敬、尊敬的心。但是，這並不稀有也不稀奇，因為你我也有二十五年，二十五年後每一個人都有一百部，要對自己有信心。剛剛那位七十歲的老先生，現在已經八十歲了，但是念了兩百一十六部，這就是佛法的真實不虛。我們每個人都能持誦一百部《華嚴經》卻沒有去念，真是有愧此生！這不是在罵人，而是我們不願意去面對自己能這麼用功的心，愧對它！如果你念了一百部，那此生真的是可以笑著走了。

菩薩願力身為質，救贖眾生令解脫

這部經還有一個很厲害地方！試問大家，我們死後會去哪裡？一般人死了會去見兩種人。第一個，死了會去見阿彌陀佛，但是很不巧，我們想見阿彌陀佛，但是阿彌陀佛不一定來見，這無法保證；另一個，人死了一定會去見誰？都會去見閻羅王，除非你做大善、大惡，不然人死了以機率來講，見阿彌陀佛的機率小，見閻羅王的機率大。面對死亡，我們要先處理的不是阿彌陀佛，是要先處理閻羅王的問題。

《華嚴經十迴向品》：「我寧獨受如是眾苦，不令眾生墮於地獄。我當於彼地獄、畜生、閻羅王等險難之處，以身為質，救贖一切惡道眾生，令得解脫。」大眾讀誦《華嚴經》可以知道，因為菩薩的願力，令眾生不墮地獄、不墮餓鬼、不墮畜生及閻羅王等險難之處。這《華嚴經》第二個厲害就在這個地方：所有的經典講不墮地獄、不墮餓鬼、不墮畜生，這《華嚴經》講什麼？叫做不墮地獄、不墮餓鬼、

不墮畜生及閻羅王處。有沒有厲害呢？我們連閻羅王處都不去了，那麼無盡的世界還有哪兒去不了呢？這是我在誦經時，深刻的體會。

提到閻羅王，通常我們去見閻羅王的時候他都怎麼說？他拍案一問：「你幹了什麼好事？」先跟大家講，你繼續誦，誦到後面你就會知道，原來閻羅王是自家人，他問你「幹了什麼好事」的意思是什麼？民間的法官要判你過失，首先會從輕量刑，先看他有無可教化之處、有沒有悔改的心，所以這問題就是說「你有做什麼好事嗎？」這樣才能從輕量刑。這時千萬不要被閻羅王嚇到了，以為包公辦案要斬你。不是！他是要救你，所以才問「你幹過什麼好事？」這點大眾要記得。

跟師父學這二十五年圓滿一百部《華嚴經》是一個很好的因緣，為什麼？雖然不一定每個人都那麼乖能圓滿一百部，總是有幾個皮皮的學生。但是，在臨終時，一定要記得這保命法門，當閻羅王問你「幹了什麼好事」的時候，你要反問：「你才幹什麼好事？我答應佛祖念一百部《華嚴經》，我現在才念三部，你就把我叫來了，我還欠佛陀九十七部。你幹什麼好事讓我失信？」這時候閻羅王會怎樣？他就會恭敬的下座，因為聽到《華嚴經》三個字，他就恭敬下座請你上座。「失敬！失敬！我不知道你是一位發心菩薩。」初發心不可思議，既然這麼發心，要不然情理法是可以商量一下，看看有沒有一個伸縮空間？「不然這樣子，你的確壽命到了，但是看在你那麼虔誠的份上，我放你三年還陽好不好？」很多公案都有持誦經典還陽的事蹟，對不對？我們講說凡事不能想最好，至少先做最壞打算，最後的退路。如果你有三年的機會還陽的話，那你要做什麼事情？當然是趕快把九十七部圓滿，不要再見閻羅王了！

無敵華嚴無敵人，富貴如意伴相隨

這部經真的是無敵！你不會有任何的敵人，最後不會墮落到不如意處，所以這就叫「富貴」。富貴就是要能如意才叫富貴，是不是呢？有位居士說：「師父，我都不如意，孩子都不聽話」。我說：「那你有沒有誦《華嚴經》？」他說：「沒有。」「那孩子當然不聽話啊！」《華嚴經》裡的轉輪聖王，他有三萬七千夫人、采女俱。完全沒有甄嬛傳裡內鬥的問題，妻妾管得好好的。三萬七千個夫人、采女，五百王子俱。我們有句俗話：「多子累死爹。」意思是孩子多了，你就慘了，在這啃老時代，五百個對轉輪聖王來說，通通供得起，所以這叫本事，是大福報之人。

甚麼叫富貴呢？一般世間人說：「官居一品、良田千畝、妻妾成群、兒孫滿堂、事事如意、長壽萬年。」這叫做富貴之人。而誦持《華嚴經》為什麼可以稱得上「富貴」兩個字？因為持誦這部經典如果讓你不如意的話，不是我們不用功，是佛不靈啊！佛菩薩為了讓我們有感應，有用功的人就能事事如意。許多持誦這經典的居士都分享，他們說：「師父，這部經真的太厲害了！所有問題都解決了！所有事情都不可思議了！」真真實實是如此的。

聞法啟示 超越物質心靈，尋與內在富貴

在這個充滿挑戰與變化的世界中，人們經常尋求一種超越物質富貴的內在平靜與滿足。《華嚴經》的教導，不僅提供了一條通往內心富貴的道路，更開啟了一個深刻的修行啟示，引導我們理解生命的真諦，並在輪迴之路上找到出口。

《華嚴經》啟示我們，修行不僅僅是一種個人的靈性探索，更是一種對於社群和後代的深遠貢獻。正如《華嚴經》所言：「普願一切眾生，皆得入無上佛道」，這不僅是對個人修行的指引，也是對於如何以慈悲心回饋社會的啟示。

在面對生命終點的反思中，我們學到，修行的目的不在於逃避生死輪迴的恐懼，而在於如何在有限的生命中發揮無限的潛能，為自己和他人創造真正的價值。《華嚴經》中的轉輪聖王，以其非凡的福報與能力，展示了如何在俗世中實現真正的富貴生活——一種心靈與物質雙重豐富的境界。

《華嚴經》不僅揭示了我們死後的去向，更提供了一種避免至閻羅地獄評價此生的法門，這種偉大的願力，展現了《華嚴經》所傳遞的核心教義：讀誦《華嚴經》的人，因為菩薩的願力，將不會墮入地獄、餓鬼、畜生等險境。這不僅是對個人修行的鼓勵，也是對於如何以一種更寬容、更慈悲的心態面對生死的啟示。

真正的富貴不是外在的物質擁有，而是內在的心靈滿足與和諧。正如《華嚴經》所示，通過修行和誦讀，我們可以達到一種心靈的富貴——一種能夠隨心所欲、事事如意的生活狀態。這種生活狀態不僅為我們自己帶來了無上的喜悅和滿足，也為我們周圍的人創造了積極的影響。

04

佛
普
諸
切
一
方
十
見
欲

函

吉

生
眾
滅
盡

Let's star

不發菩提心，聽不到《華嚴經》。可見在座各位都是有善根福報的人，既然我們一起坐上「華嚴海會」這艘福慧雙修的法船，記得讓自己發菩提心，精進修行，一起迴向功德給十方大眾，跟著我們，一起開啟富貴莊嚴的未來。

Without the Bodhi mind, no one can realize Sutra's teachings. Apparently, everyone sitting here has built up virtuous roots and merits over lifetimes. Now that we've set sail on this grand Dharma boat, remember to cultivate our Bodhi minds, and practice conscientiousness. Please dedicate merits to the sentient beings who will join us in this journey. Let's start a prosperous and solemn future all together.

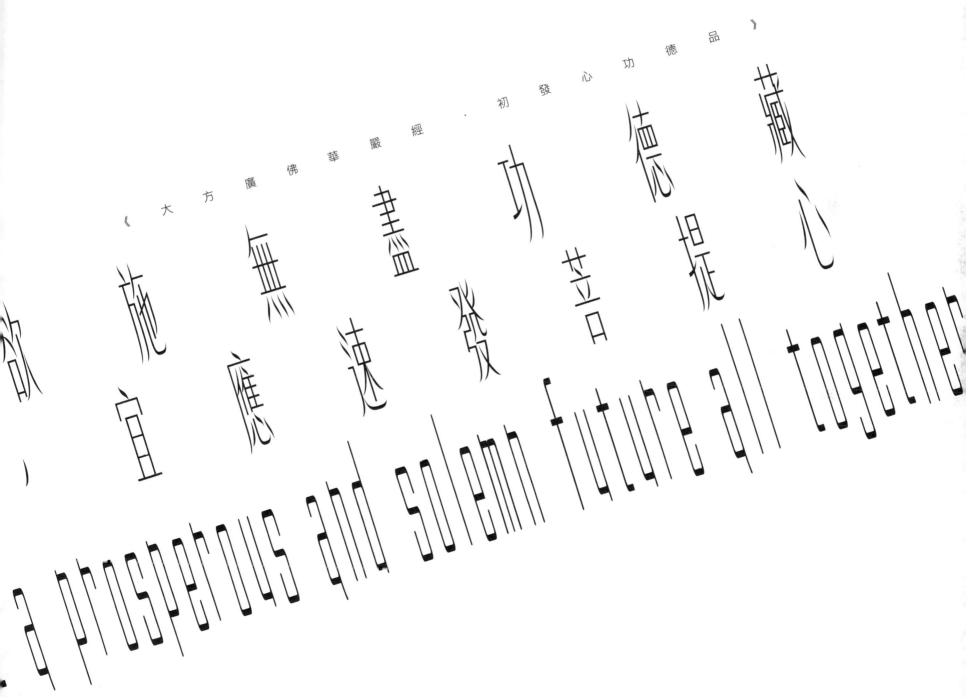

《大方廣佛華嚴經‧初發心功德品》

欲施無盡善發功德藏

宜應速發菩提心

a prosperous and solemn future all together

念念相續，無有間斷。身語意業，無有疲厭。

《大方廣佛華嚴經·普賢行願品》

華嚴海會·第四日·卷二十五～卷三十三·傳塵大和尚開示節錄

快速誦讀念不生，直驅海印三昧境

有位學員是算命老師，有個機緣為了方便接引他，想說他有這項技能，要不就來幫師父算一下。一算他說：「師父，別的和尚坐賓士會被人家罵！「出家人坐那麼好的車？」你不一樣，你可以開超跑，開快車！」那天聽了之後我好高興，我的超跑在哪裡呢？原來這超跑就在這快速的誦經領眾裡啊！飆車可是不行的，那是要吃罰單的。用功方法是有它的道理的，前面我們講「如來按指，海印發光，汝暫舉心，塵勞先起。」眾生很會起煩惱打妄想，但佛陀不會。我們有太多妄想，如果不修行，妄想心不會有止息的一天。修行又是非常辛苦的事，大部分人都想輕鬆修，但輕鬆修，煩惱很難斷。

接續前面分析，在我們修行時間所剩不多人生裡，要做什麼才能「事半功倍」？所謂：「七年之病，求三年之艾」。一生當中，花了五十年養成的習氣，不要再花時間去處理它了。六祖大師說：「惠能沒伎倆，不斷百思想；對境心數起，菩提作麼長。」我們生來就是會長煩惱，煩惱就是這樣子。為什麼？因為「菩提作麼長。」菩提就是這樣，在聖不增，在凡不減。你有煩惱，菩提心就是這麼多；沒有煩惱，菩提心也是這麼多，跟有沒有煩惱「無關」！所以花時間去處理煩惱這一條路真的不適合。除非，你真的很有勇氣跑來出家，而出家這一條路雖然不挑人，但出家要發大心，是大人之行，大丈夫之行，非將相所能為，也是勉強不來的。

這時代是一個自由民主的時代，我們要依據每個人的意願，為大家訂製適合用功修行的法門。試問大家，只有師父可以獲得解脫嗎？不是的！每一個人都應該獲得究竟解脫，這才是如來的法。我們都知道眾生很難度，當初我一個 16 歲年輕人為什麼就能得度？這就是說明度眾生需要適合的方法。所以，不要把時間放在枝微末節，要放在根本上「發菩提心」。《華嚴經》是成佛最快的道路，因為它直接從根本上發菩提心去用功，叫做「善用其心」。

經文講到：「為大、為勝、為最勝、為妙、為極妙」這部經很殊勝，適合一切人，是無論僧俗都能用功的一部經典，經文每一段，都讓人感到舒服，讓人非常的愉悅，所以才說這部經很值得推廣。二十五年的時間，一天念一卷，一年可以念四部《華嚴經》。一般來說，能念一部都叫不可思議，何況念四部？更何況念一百部。這法門重重無盡，讓每一個人可以一直用功，一直發菩提心。

見人就問「誦幾部」，不提穿衣吃飯事

這次法會是聯合國，有好多人從世界各地來到這裡參與勝會。前天有一位澳門回來的居士，他跟師父說：「師父，你記不記得你在 2018 年時到澳門演講？」我說：「對啊！」去到澳門我就想：「推廣《華嚴經》要不遺餘力，要想盡辦法讓更多人知道，雖然是澳門這麼遠的地方，我們還是努力

為大，為勝，為最勝

找因緣結緣。」當時演講兩個小時，一樣是這樣推廣。結果這位居士跑來跟我說，當時他也領了一套回去，我就接著問他：「你現在念幾部了？」他說：「師父，我已經念了五十部《華嚴經》了！」師父很歡喜，心想演講兩個小時就讓人誦了五十部《華嚴經》！我就說：「我弘法就是為了要聽這一句話的！」

出家後我見過很多人，有時大家來見師父就要師父關心：「哎呀，你吃飽沒？」「有沒有穿暖？」「來道場修行有沒有很辛苦？」「法會腰會不會酸？」如果不關心這些，一般人回去就會抱怨：「師父都不關心我！」那時候就想，我出家不是為了要問你吃飽沒？穿暖嗎？出家的目的是想要「獲得解脫」。所以我就想辦法不要問這些話，《華嚴經》裡面也不會去問這些話。那麼，該用什麼方法？於是，我見人就問：「你念幾部《華嚴經》？」我誓願要做一位見人就問你有沒有用功的師父。演講兩個小時，能讓人發心「誦持五十部《華嚴經》！」我弘揚佛法，真真實實就是為了要聽這一句話的。

因此，這次法會特別請主持人唱名誦持《華嚴經》的名單，這些都是圓滿五十部以上的菩薩。如果大眾也開始一天念一卷，下一場法會，可能幾年後再來的時候，又多個十幾部、二十幾部，甚至有人更用功，一天念三卷，五年後就有五十部了。今天你來參加法會，成就了第一部的用功，五年後成就五十部的誦持，一樣的，就非常值得大眾為你鼓掌。但是各位，不要看師父唱名誰念很多經，社群組裡，每一個人的故事我都很清楚，我都知道他是怎麼開始、怎麼用功、怎麼精進、怎麼度過瓶頸的，因為我是陪著大眾一起度過這些用功

日子的。我希望這不是講誰的故事給大家聽，而是各位即將成為一個故事，每個人都會是一個公案；這也不是在聽別人發生的公案，而是你自己即將成為公案主角。今天你領了一本經回去，五年後，換別人聽你的公案，這就是最殊勝、最令人感動的事情，也是見證佛法當中，我們是這麼精進，這麼用功努力，令人法喜充滿。

修行學道以何住，善用其心住發心

《華嚴經》第十六卷〈十住品〉之十住、十行、十迴向是菩薩用功的歷程。我們常講我們「住」哪裡？有人住在美國，有人住在臺北市，每個人都有一個處所，一定要住一個定點。法師住在哪裡？我們住在哪裡？佛經上，佛陀告訴我們要以戒為師，以四念處為住。住在四念處，是什麼意思呢？

就算是我住在這個地方，不要愛這個地方，我要覺得這個地方非常的不清淨。我們住在娑婆世界是不清淨、是染污的，所謂五濁惡世：劫濁、見濁、眾生濁、命濁、煩惱濁，是非常染污的。要如何離開這個染污的地方？又有什麼地方最值得我們去？涅槃寂靜最值得去。我們的念頭觀身不淨、觀受是苦、觀心無常、觀法無我。不淨、苦、無常、無我，這是我們心要住的地方。住哪裡？不是這個身體、肉體，我們的起心動念，心要隨時住在不淨、苦、無常、無我。

在這裡請問大家，這有辦法修嗎？你若是住在帝寶，跟師父講，我住在豬窩，誰相信？我們一輩子住在一個地方，努力把它打掃得乾乾淨淨，卻要告訴自己說，那是豬窩，那不是人住的地方。我們怎麼有辦法去修這種行？所以才會說法師的修行方式是違反人體工學，明明那麼清淨，還要說不清淨，然後要去找一個清淨的處所，叫做極樂世界，找一個地方叫做涅槃寂靜。

所以現在要告訴我們，我們現在要善用其心。我的心就算要善用，心要善用在哪裡才能善用呢？我的每一個起心動念，都要以什麼為我駐足的地方？我要以什麼基礎去起心動念才能善用其心？菩薩是怎麼開始的？所以叫做十住。我們要常常住在這個心念當中，才叫做菩薩行。

所以現在要選擇住在哪裡的地方，叫做發心功德不可思議，這個叫做「發心住」。要乘大乘這一台寶車，叫做十法成乘當中，第一個條件叫做「真正發菩提心」。我們的心就要住在發心上面，整天就是要發心。所以菩薩最後要問：「發心功德有多少？」菩薩初發心最後問

昨天誦念的是最精彩的地方，叫做發心功德不可思議，這個叫做「因地心、果地覺」！在《楞嚴經》裡面，叫做「因地心、果地覺」。你沒有發正確的因，就不能成就如來的果報，如果發了正確的因，就必定成佛。所以初住菩薩跟如來是真正的等號，叫做不可思議，初發心即同如來。所以我們的心要一直「住在發心」。

君子立志志常常，小人立志志又志

有一句話叫做「君子立常志，小人常立志。」我們是君子還是小人呢？其實我們剛開始都是小人。君子是指菩薩。我們剛開始學習菩薩行，所以我們的心很小，是因為我們的心量小小的；還沒學習打開心，我們在凡夫階段剛剛開始想要學菩薩行，但是小人就要做功課，叫做「常立志」。日

因地心、果地覺。

日發菩提心，次次發菩提心。我們每次發菩提心是不是會退轉？說要發心，然後做事笨手笨腳。才被師父念一下：「你怎麼笨手笨腳！」就退道心了，過兩天，鼻子摸一摸，沒有地方去又來找師父了，而菩薩發一個菩提心，一直到成佛，不會退轉。所以我們要常立志，要常常發心，真正發菩提心，把心一直學習住在發心上面，因為發菩提心的功德是不可思議的。

《大方廣佛華嚴經‧初發心功德品》裡面講：「佛子！菩薩初發菩提之心，所得功德，其量幾何？」法慧菩薩言：「此義甚深，難說、難知、難分別、難信解、難證、難行、難通達、難思惟、難度量、難趣入。」供養十善的修行人，學須陀洹道的，學斯陀含道的，學阿那含道的，學阿羅漢道的，不如菩薩初發心功德。

初發心之後要怎麼做？第一個叫做歡喜行。所謂：「歡喜做，甘願受。」做任何事情要歡喜做，才叫做歡喜行。做事情要歡喜，發心要歡喜，供養要歡喜，做任何事情不歡喜你就不要做，不要勉強自己做，心要很法喜，心要很歡喜。我的心好不容易發心了，不要有瑕疵，要讓它很發心，很厲害，要讓它無遠弗屆。這個心要歡喜，而不是做得不甘不願，要很歡喜這就叫做歡喜行，就這麼簡單。

華嚴標題抓重點，點滴發心不唐捐

我們以為佛法很難，其實我們也可以做「標題黨」，看標題修就好了。就像看新聞，看標題就好了，內容那麼多，眼睛看得都花了。我們去考試，是不是都是考重點？《華嚴經》裡面有很多重點，而且佛陀都幫我們整理好重點了，第一條、第二條、第三條，我們還不做小抄要做什麼呢？我們歡喜做功德，當然比不歡喜去做好；我今天發心，也要歡喜發心。我出錢要很歡喜出錢，我來念經要很歡喜念經，做每一件事很歡喜這就是菩薩。不要懷疑這件事情，就那麼簡單，修行就這麼簡單。這樣不是很快樂很殊勝嗎？這樣我們跟菩薩也就沒有太大差別了。

修行是積累的功夫，一點一滴，念一卷是一卷，念一部是一部，師父不會因為你念一卷就輕視你，也不會因為你念了五百部就特別禮遇你。不會，因為這是每個人的功德，每個人的因緣，有些人來跟我說：「師父，太慚愧了，我只有念一卷、只有念一部，我很慚愧。」但是我們退一步想想，很多人連一卷都念不到的大有人在。

這部經有多厲害大眾可能不知道，《華嚴經》這是連阿羅漢都看不到的經典！為什麼？在《華嚴經》後面就講，因為聲聞人本不發菩提心，所以根本沒有機會看到一個學習發菩提心的經典。我們都比阿羅漢厲害還怕什麼呢？我們不過是個凡夫，都比舍利弗還厲害，看到這一部經。聽到了這部經，跟我說你是凡夫，其實我真的不相信，我們一定是菩薩，我們在這個時代，大家齊聚一堂，一起用功這無比難得難聞的經典，要相信我們一定是菩薩。

聞法啟示 心靈探索的超跑旅程

在《華嚴經》探索的路途上，我們像是駕駛著一輛心靈的超跑，穿梭在無盡的妄想之中，追尋著那片澄明、未知的真理；而這條道路，也並非只有加速前進的勇氣，更有讓人深思的風景。深入《華嚴經》，我們不僅尋求「事半功倍」的智慧，更重要的是，如何在有限的生命裡，以最有效的方式修煉心靈，達到解脫的彼岸。六祖大師的教導讓我們明白，修行並非要剝離一切，而是要在心中種下菩提的種子，讓它在任何環境中自然生長，不受外界煩惱的影響。

深究《華嚴經》的十住品，我們不只是探索一個地理的旅程，更是在尋找我們心靈的安居之所。這個「住」不是指某個物理空間，而是一種心靈的狀態，一個讓我們的心安定下來的地方。而在我們的修行旅途中，初發菩提心的一刻，是無比珍貴的。它象徵著一個全新的開始，一個向著佛道無限接近的契機，就像《華嚴經》所說，一切成佛的奇蹟，都始於這個看似簡單，卻充滿了深邃意義的初發心。

在追求心靈提升的路上，我們應該像君子一般，懷著一顆不變的志向，而不是像小人那樣時常改變。即使在面對困難和挑戰時，我們的心仍應堅定不移，持續發起菩提心，這是通往佛道的關鍵。最後，學習《華嚴經》並非遙不可及的夢想。通過「看準標題，抓重點」的方法，我們可以輕鬆地入門，逐步深入，最終體會到這部經典深奧的佛法真義。每一步都是修行的腳步，每一句經文都是心靈的滋養。

唐朝永嘉人師的證道歌便講得透徹：「行亦禪。坐亦禪。語默動靜體安然。」這便是表達了一種無需特定形式或方法，而是以無我心態、以無執著相，對待一切的禪宗思想。希望能啟發我們每一位修行者的心，讓我們在修行的路上，更加堅定而喜悅。

05

若諸菩薩以大悲水饒益眾生，則能成就阿耨多羅三藐三菩提
是故菩提屬於眾生，若無眾生，一切菩薩終不能成無上正覺

《大方廣佛華嚴經‧普賢行願品》

若無眾生，一

切菩薩終不能成無上正覺

發了菩提心，如何讓菩提種子成長茁壯？靠的就是時時發願迴向！只為利三界，迴向共有情，當所有人都願意誦經迴向，讓所有音聲懸在梵網裡，娑婆世界便是淨土！

Once the Bodhi mind is awakened, how can we nurture the Bodhi seed? The key lies in constantly making vows and dedications.
For the sake of the three realms, dedicate the merits to the sentient beings. When everyone allows their chanting to resonate in the net of Harmony, our chaotic world will be transformed into a Pure Land!

不為自己求安樂，
但願眾生得離苦
此人迴向得究竟，
心常清淨離眾毒

《大方廣佛華嚴經．十迴向品》

華嚴海會．第五日．卷三十四～卷四十三．傳塵大和尚開示節錄

誓學普賢行動力，難行能行難捨能捨

今天要請大家看一些字，「吃飯、覿鷩、餮鼗、曩碟、蕤顬、鰯鵬、鰷鯔、糖貊、貘鏊、氽耋、瓞町。」這些字，除了「吃飯」二字之外，如果沒有預習我們好像都不會。這是在講什麼呢？這是一個譬喻，譬喻我們活了這麼多年了，還真是練就了一身吃飯的本事而已，人家是「弘範三界」而我們是「吃飯三界」，天上飛的、地上爬的、水裡游的全都吃過了。

昨天，一整天的時間都在誦念十迴向品，有沒有看到連膚頂髻這段：我的頂髻是全三千大千世界中最美好的，以長跪的姿態請對方收下我的頂髻，難行能行，難捨能捨。真正要做到六度萬行：布施、持戒、忍辱、精進、禪定、般若。問問自己「割肉餵鷹」我們行嗎？「捨身餵虎」我們願意嗎？從這裡我們會發現喊口號我們還行，但是實踐上我們還差很遠。

所以《華嚴經》不是用修的，是用做的！做到就叫做悟，身體奉行。佛法當中最珍貴就是行動力。佛教團體為什麼會那麼珍貴？因為慈悲心能化一切為動力，因此，《華嚴經》裡面最尊崇的就是大行普賢王菩薩的行動力。

種田首要養沃土，迴向資糧不可少

「修行不發菩提心，猶如耕田不下種。」迴向為什麼那麼重要？學佛過程我們常說「以六度萬行為因，結莊嚴無上佛果。」土地是用來結果的，而種子已經種在這片土地了，登到十地之後就會開始開花結果，是真正的佛果現前。要開花結果，要種出有價值的東西，就要選擇對的福地。所謂恩田、敬田、悲田。但是，如何讓土地有所回饋？我們看到農夫種地前要做什麼？是不是要先養土地，讓地質肥沃。為什麼登地之後菩提果會生，那是因為我們用迴向來養這塊土地，迴向就是這片土地的肥料。

問題是我們現在缺肥料，行菩薩道的資糧樣樣缺。所以檢討起來，我們還真的除了「吃飯」，什麼都不會。我們除了喊口號說：「我要發菩提心！」之後就什麼都做不到了。在《華嚴經》中，我們要有本事做得到菩薩行，迴向就是一個很重要的功課，迴向可以讓我們知道所做的功德。

一般人到廟裡拜拜，上一炷香，嘴巴念念有詞要佛祖保佑，一支香從頭到尾都已經快燒完了，剩下最後一寸的時候才插上去獻給佛祖。我們想要保佑的事情、想求的願望好多。但回頭想想，這個大地生我、養我、長我、育我，而我們做了什麼可以回饋給這個大地？試問我們付出了什麼？奉獻了什麼？

不　　　　　為　　　　　自　　　　　　　　　　　己

求　　　　　　　　安　　　　　　　　　樂

但　　　　　　　　　眾　　　　　　　　生

「迴向」是寶嚴禪寺這十年來身體力行的。大家有聽到我們寶嚴禪寺有
人誦了六百部、五百部對不對！為什麼師父都知道？因為他們全部都有
把功德在群組裡迴向出來，所以迴向是一件很重要的事情。這個時代是
這樣子的，我們要記得誰？誰又會記得我們。一切對我們有恩的我們要
記得。學習佛法後，我們為了這個土地，為了三千大千世界，我們做了
很多功德，但我們無從得知。所以從十年前就跟大家說：你們念完經後
就要記錄下來。於是師父就成立一個群組，用群組回報的方式把功德
記錄下來。「今天弟子某某，我誦了一卷經，我把誦經功德，迴向我的
家人、朋友、同事，事事平安、事事如意。我要迴向我的村裡，我的國家，
迴向法界一切眾生，我要迴向所有一切眾生當來必定成佛。」用冤親平
等的心念做迴向。師父就這樣教大眾做迴向。

得　　　　　　　　離　　　　　　　　苦

修　　　行

功 德 歷 歷 需 表 彰 ， 善 傳 迴 向 登 法 界

功德歷歷需表彰，善傳迴向登法界

於是大眾就開始一個一個登記，累積到目前有十年的時間了。過程裡，很多人修功德，之後都這麼說：「哎呀！我們低調，我們不著名，不著利。」對！佛法當中教我們修空觀不要執著，我們不著名利，但是，現在這時代不一樣了！惡多善少，所以要功德表彰。要把自己的功德告訴世界還有人願意修善。我們大家一起把善的力量迴向給這世界，因為世界各地都在受苦！

我們看看這幾年的疫情，已經不是只有一個地區，是整個世界在蔓延。以前歐洲叫做黑死病，現在covid-19全世界每一個地方包括南極都會染疫，我們能逃去哪裡？在《華嚴經》裡面，你繼續念就會看到，「菩薩知諸業不從東方來，不從南西北方，四維上下來。而共積集，止住於心。但從顛倒生，無有住處。菩薩如是決定明見，無有疑惑。」業從哪裡來？從顛倒而來！我們都顛倒了。

怎麼顛倒？現在人造了惡業還要自拍，還要放YouTube跟人家講我們在打架、我們在勒索。造善業的時候反而怕人家知道，怎麼會這樣？你做一點善事，人家就說：「你發心修善，像觀世音菩薩有求必應，那我來跟你借錢，可不可以借我。」遇到這種人很可怕，所以大家都不敢修善。在我們這裡，念很多經來修善，歡迎大眾來搶。所有眾生有苦，需要感應、需要迴向，我們的功德全部迴向給他，我念五百部，我最有功德你找我就對了，作為一切眾生不請之友。有病的予藥、有苦的予樂。用我們的福報、慈悲心去迴向給他們。所以迴向是一件很重要的功課，去證明我們在這三千大千世界當中，曾經做過這樣布施。

地神證明佛成道，群組明示功在此

你看佛陀成道的時候，佛的手往下垂，這叫觸地印。原因是天魔波旬跑來問佛陀：「你憑什麼說你成佛？這天下是歸我管的，你憑什麼從我這逃出生死？你是我的子民要聽我的，你不可以成佛。」佛陀說：「憑你一個小小福報的天王，你只是供養一位辟支佛的功德，就讓你成為天魔波旬。於我而言，三千大千世界沒有一處不是我修供養，布施頭目腦髓的地方。」佛陀於是觸地請地神出來證明曾經做過這些功德。

一樣的，我們怎麼去證明我們做過的功德？以前老一輩的人，那個時代要證明自己做過功德，廟的柱子是我爺爺捐的，所以就有我爺爺的名字，現在這時代有的廟慢慢不讓人刻名字了，要用另外的方式去記錄每個人的功德、每一個人的發心。為什麼要有「功德表彰」？理所當然，有做功德有什麼不能讚歎的呢？在我們道場，有不同的方式去表揚每一個人，我們的理念當中，其實「人人有獎」，每一個都應該被鼓勵，只要你願意用功，佛法叫做「見者聞者皆發菩提心，悉發無上意」。不要妄自菲薄，這是我們的功德、我們的努力。

在寶嚴禪寺所有人布施的金錢，我們是用最美麗的藝術，最美麗的殿堂去呈現給大眾，這是從金銀財寶的布施方面來說。但我們也發起百萬經藏建寶嚴的活動，以誦持百萬部經典的功德，迴向寶嚴禪寺建設順利。每一位用功的人，都應該被我們記錄在世上，誰用功、誰努力、誰發心，點點滴滴都是功不唐捐的。

所以迴向的功課很重要。手機拿起來，加入我們的群組。當中有一個叫做「五部以下迴向群」跟「五部以上迴向群」。在這個群組裡你每天會看到很多回報訊息，這位誰念多少經？那位誰念多少經？你會看到每一尊普賢菩薩都在念經，你光是在這群組裡也與有榮焉。為什麼迴向這麼厲害？我們的會長他做了一個很重要的功德。把群組所有的人都登記在案。十年當中，海內外的學員在這個群組裡面，加起來總共有810人，累積有15238部《華嚴經》，總卷數是1,234,278卷的迴向。這些數字是誰念的經？你不用管！你只要進到群組裡面，按照自己的進度回報就好了。

我們念了那麼多，這就是佛法最厲害的地方。菩薩《梵網經》就是在講這一個道理，梵網，就是指梵天的網。什麼叫做梵網的功德呢？重重無盡、光光相照。在這個法界裡，你不用擔心自己不會發光，因為在這梵網當中別人的光會照耀讓我們也發光，這就是最厲害的地方。這個群組就是運用梵網經的理念叫做「共修」的方式互相帶動，光光相照。所謂「大眾熏修希勝進、十地頓超無難事。」你要超十地一定要用共修的方式來修。想想看，我們自己修，要念到西元幾年才會有一萬五千部？一旦加進

群組不
要退群，我們這個道場歡迎所
有人用功，也歡迎所有不用功的人共襄
盛舉。

如果到明年，我們海內外共修有 1,200 個人，你不念的總
有一天會感動。這群組大家不要嫌煩。試想，人家發心迴向功
德你嫌煩，那不是最傻的嗎？人家在回報他的用功你嫌煩，晚上也
在那邊叮咚叮咚！這是因為我們有海外學員在誦經啊！關靜音就好。
光是看到那麼多人願意用功，不是很值得嗎？當有人問起：「你念《華
嚴經》有什麼功德？」你就說我們已經念了一萬五千部。這不是很殊勝嗎？
這個群組的帶動，也就是我們凡夫所能做的最低限度，所謂的十迴向，要
不然我們真的只剩下「吃飯」的功能，不是嗎？

得遇殊勝佛聖典，不虛此生入聖流

人生有時候很諷刺，學了一輩子也就是這些東西而已。如何做到今生不虛
此行？當兩眼一閉的時候，我曾經所見、所聞有什麼？我們可以說：曾
經參與到這個殊勝的盛會，見者、聞者悉發菩提心，我已經不與凡夫
同流，這樣想起來此生就不虛此行了。在經典裡面叫做「不與出家
在家凡夫為友」。不發菩提心的人，不值得我們去跟他做朋友，
我們已經不同流了，我們已經是入流的人了，等你用功到一
個程度，到了二十部、三十部、四十部、五十部、六十
部、一百部、二百部的時候，此時，你的心態就
會改變，會更發大願，我要做為一切眾生的
「不請之友」。

普 賢 行

願品裡面有一句話非常令人感動，叫做「若諸菩薩以大悲水饒益眾生，則能成就阿耨多羅三藐三菩提。是故菩提屬於眾生，若無眾生，一切菩薩終不能成無上正覺。」迴向功德真正是不可思議！諸佛是在眾生當中成就的！

前面我們講寶嚴禪寺要用三部經典的迴向蓋起來，這是真的！我們真的用一部一部經去蓋每一磚、每一瓦，都是每一個人的用功，每一個人的發心成就的。這也是師父為什麼要這樣推廣《華嚴經》，現在知道原因了，因為我們除了「吃飯」之外，現在又多加一項功德可以修持了，可以迴向，可以把自己的功德記錄下來。

大家要知道，在這世界上沒有人記得你沒有關係，師父會記得你！釋傳塵法師一定會記得你。雖然師父可能不是你覺得什麼很重要的人，但是我會感恩你，我會記得你，我會記得每一個人的用功，記得每一個人的努力。我見人就說「你念幾部？」我也希望每個人在這群組當中，看到每個人每天、每天迴向，最後，我們就會在某一天，當有一天回頭再看自己的時候，我們已經入菩薩聖位了，入菩薩賢位了，叫做自然而然，水到渠成！梵網經菩薩的梵網就是因陀羅網，就是這麼殊勝的功德。

聞法啟示 穿越生死迷宮的心靈導航

《華嚴經》的教導是關於如何成為他人的庇護，而非尋求外在的保護。《華嚴經》不僅是一部經典，更是一盞燈，指引我們在生命的黑暗中尋找光明。就如《金剛經》所說：「一切有為法，如夢幻泡影，如露亦如電，應作如是觀。」我們的生命與修行，就是在這夢幻泡影的旅途中，尋找不變的真理與光明。

當真正開始了解《華嚴經》的深遠意義時，我們會發現，真正的富貴不在於外在的擁有，而在於內心的富足和事事如

意的境界。這不僅是關於物質的富足，更是關於心靈的豐盛。這種內在的豐盛，讓我們在面對生命的挑戰時，都能保持平靜和智慧，帶著這份智慧和光明，繼續我們的旅程，直至到達心靈的彼岸。

面對生死，我們經常被教導要尋求佛祖的庇佑，期盼能夠被引導至淨土。然而，《華嚴經》教導我們更深一層的理解──即使在面對生死的轉變時，我們也應該堅持自己的修行與願力。《華嚴經》中有著深遠的願力表達：「我願以身為質，

救贖一切惡道眾生，令得解脫。」這偉大的願力，展現了佛法的核心教義，也啟示了我們在面對困難和挑戰時，應該如何堅持不懈地修行與奉獻。

《華嚴經》的學習和修行，教導我們如何在生活中達到一種更高層次的富貴——一種內心的豐盛與外在事務的順遂相結合的狀態。正如大藏經中談到：「如來藏中有一切智慧之寶」，通過誦讀《華嚴經》，我們可以解開心靈深處的智慧，實現真正的心靈富貴。

「若有欲知佛境界，當淨其意如虛空。」用貧窮布施來超越物質貧困，實踐菩提心，如此功德有多少？不可思、不可議、不可說。用無限大的計量不斷在擴大我們侷限的視野與心胸，也才有「無住無不住，遍虛空滿法界」的體悟。

If one wishes to comprehend the state of Buddha, one should purify their mind toward emptiness and eternity.
One could overcome material poverty by practicing generosity even if one doesn't have much. The resulting merit is inconceivable, immeasurable and indescribable. Just like the scripture, continually expanding our limited perspective and mindset will lead to the realization of dwelling nowhere, yet everywhere.

06

若有欲知佛境界，當淨其意如虛空
遠離妄想及諸取，令心所向皆無礙

〈大方廣佛華嚴經 如來出現品〉

不 可 言 說 不 可 說 ， 充 滿 一 切 不 可 說
不 可 言 說 諸 劫 中 ， 說 不 可 說 不 可 盡

《大方廣佛華嚴經 阿僧祇品》

華嚴海會‧第六日‧卷四十四～卷五十三‧傳塵大和尚開示節錄

諸佛秘密不可說，從零舉步進而萬

所謂諸佛的秘密，佛曰：「不可說、不可說」。今天念最多的句子就是不可說。每次念「阿僧祇品」，下座之後就很感嘆，如果你是數學好的人，你會在這裡開悟。佛陀真正最厲害的秘密在這裡，真正的大寶藏！為什麼我這麼說？《華嚴經》是一部非常特別的經典。特別到你不能用世間的邏輯、想法去想。但是又很符合我們世間的想法、世間的邏輯。很奇怪但很特別！為什麼？如果你有注意《華嚴經》，八十卷的內容裡，佛陀只開三次口。第一次開口是介紹有一尊最大尊的菩薩叫普賢菩薩，然後他還不在，叫做「法界藏身」；第一次開口的時候，是跟大家說有一尊菩薩很厲害你們卻不知道，他叫做「普賢菩薩」。

第二次開口跟我們講什麼開示呢？上數學課。佛陀為什麼在三千年前跟我們上數學課？在那麼重要的一本「成佛的經典」裡上數學課？它到底有什麼道理存在？我第一次念的時候，以為是在念「秘密咒」。那些經文都是代表數字，在講所謂的不可說、不可說。它到底是代表多麼殊勝偉大的一個數目？所以我就從這地方悟到了一些道理，也因此推廣《華嚴經》。

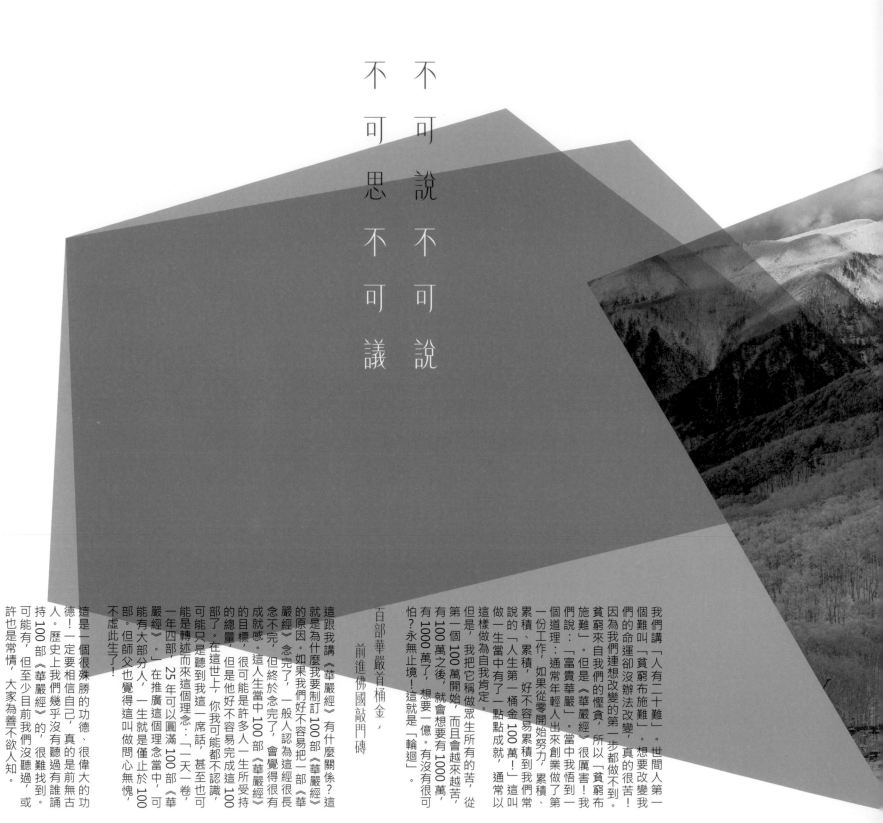

不可說 不可說
不可思 不可說
　　　不可議

百部華嚴首桶金，
前進佛國敲門磚

我們講「人有二十難」。世間人第一個難叫「貧窮布施難」。想要改變我們的命運卻沒辦法改變，真的很苦！因為我們連想改變的第一步都做不到。

貧窮來自我們的慳貪，所以「貧窮布施難」很厲害！但是《華嚴經》當中我悟到了一個道理：「富貴華嚴」。當中我們常說的「人生第一桶金100萬！」這叫做一生當中有了一點點成就，通常以這樣做為自我肯定。

但是，我把它稱做眾生所有的苦，從第一個100萬開始，而且會越來越苦，有100萬之後，就會想要有1000萬，有1000萬了，想要一億。有沒有很可怕？永無止境！這就是「輪迴」。

這跟我講《華嚴經》有什麼關係？這就是為什麼我要制訂100部《華嚴經》的原因。如果我們好不容易把一部《華嚴經》念完了，一般人認為這經很長念不完，但終於念完了，會覺得很有成就感。這人生當中100部《華嚴經》的目標、的總量，但是他好不容易完成這100部了。在這世上，你我可能都不認識，可能只是聽到我這一席話，甚至也可能是轉述而來這個理念：「一天一卷，一年四部，25年可以圓滿100部《華嚴經》。」在推廣這個理念當中，可能有大部分人，一生就是僅止於100部。但師父也覺得這叫做問心無愧，不虛此生了！

這是一個很殊勝的功德、很偉大的功德！一定要相信自己，真的是前無古人。歷史上我們幾乎沒有聽過有誰誦持100部《華嚴經》的，很難找到。可能有，但至少目前我們沒聽過，或許也是常情，大家為善不欲人知。

這樣的功德在我推廣的這幾年之內，我陸陸續續得到回饋。我們在唱念這些名單的時候，為什麼大眾會聽到 500 部、300 部、200 部這些數字，不是他供養 500 部經，是他持誦 500 部這麼殊勝的功德，所以人生的樂就是從第 100 部《華嚴經》開始！

眾生的樂從第 100 部《華嚴經》開始，我說這叫「敲門磚」。淨土怎麼去？用這個去敲開淨土、天堂之門。如果誦 100 部《華嚴經》的人還在世，圓滿 100 部之後他會繼續想什麼呢？我們說：「人心比天高。」他就會開始想 1000 部《華嚴經》。一開始是慢慢念，後面五六年爆衝，四天就念完一部了，我們有人在八年內已經念了 500 部。我曾經幫他計算了一下，以這個速度，我說數學好你會有機會開悟就是這樣，我就馬上靈機一動，算了一下，他可能在四、五年就已經達到 1000 部了，大家覺得有沒有可能？如果還沒到八十歲，當你人生達到 1000 部的時候，你的目標是什麼？就會變成一萬部！當你達到一萬部的時候呢？這個就是今天佛陀上的數學課「阿僧祇品」，叫做「不可說、不可說」真的是會成佛，數學好你會成佛的。

那數學不好怎麼辦？你要趕快來。不是教大家什麼開根號、微積分，不是！我們之前念了一品「四諦品」，這個某某啊，苦諦在這個世界叫做什麼？叫做不淨、惡。我就突然間看到苦諦在某一個世界，他有一個名字叫做「無數」。什麼叫無數？就是沒有任何數字。為什麼沒有任何數字？當你一部都不念就是「無數」，所以當然苦，有了數字你一定會樂。怎麼可能會不成佛呢？我們聽到《華嚴經》，種下了一個種子，雖然今生沒有用功，沒有關係，因為阿羅漢連「《華嚴經》」三個字都沒聽過。你種下了一個菩提種子，很勉強念了一部、念了半部也沒有關係，這是殊勝的功德，來世

一生又一生的努力用功，100 部了、1000 部了、一萬部了、一萬萬部了、一萬萬萬部了、一億部了、一億那由他部了...一直到最後的功德，到「不可說、不可說」的時候，一切世界都已經變化到不可說、不可說了！這都是從這 100 部開始，我們的人生就不可思議了！所以這個經很厲害，你一直用功到最後就進入「不可思議解脫境界」。

菩提幼苗成佛種，累積不可思議境

什麼叫做「不可思議」？用通俗的講法，可以拆成兩個：一個叫做「不可思」，你不要想太多。一個叫做「不可議」，你不要討論太多！不要跟我商量太多！今天教大家我們來發願持誦 100 部《華嚴經》，你就是不要想太多。例如：「哎呀！我做不完啦！」、「我念不完啦！」「我的人生沒有辦法。」師父跟大眾說：「念《華嚴經》功德無量，你要持誦喔！」「哎呦師父，可不可以商量一下，我可不可以不要念那麼多？」你不要跟我討論那麼多，叫做不可議！你不要想那麼多、也不要討論那麼多，叫做不可思議！念就對了！用功就對了！要知道在這世界上有八十億人口，有多少人是無法持誦《華嚴經》？叫做「無數」。我們不是說這部經了不起到什麼程度，好

像全世界非念這經不可，是要大眾真的理解，一直以來我就是感受到，佛教徒一聽到《華嚴經》就望之卻步，怯弱沒有進取的心，然後束之於高閣。我們那麼有勇氣發菩提心要「上求下化」，而對這一部經卻產生怯弱的心，這個心境會讓我們沒有辦法產生光明。

十行裡面有個「無屈撓行」。我們看到菩薩被打得半死還很歡喜，說：「你們是我的善友，來讓我成就佛道。」但是我們沒有被打、沒有被罵，只是聽到《華嚴經》就不修了，說這是菩薩修的，不是我們凡夫在修的。這時，無「怯弱心」就是我們扭轉乾坤的地方，如果我們對這部經都能持的話，請問還有什麼事情做不到呢？

人生的第二難「豪貴學道難」。在座諸位其實都是富貴之人。想想沒錢沒閒的人怎能有辦法坐在這裡念經呢？沒有心、沒有因緣怎麼坐得下來呢？其實不是只有功德主能來念經，是我們能排除萬難很可貴。有的人排除不了萬難，有太多事情，心有千千結。很多人會跟師父說：「師父，你不懂啊！我家裡……。」其實，師父們真的沒必要去懂這些事情。因為我們就是為了不要懂這些事情而來出家的。本質上就是為了不要這些煩惱才來選擇修行，所以應該要這麼做。師父們的確不想懂，因為這些話叫做理由、藉口，你跟我講理由我也幫不了什麼忙，我沒有辦法幫大家排除萬難。我們出家很灑脫，我們不聽這些。

要知道「豪貴學道難」。但是，如果豪貴「學道」，就諸事不難！我們常講一句話：「錢能解決的問題就不是問題」。有個學員他說：「師父我的人生就只剩下錢，我很有錢，但是我好苦！」這我能幫什麼忙呢？當我們身份地位高的時候，會發現我們應接不暇、到處都是應酬、都要迎來送往。以為自己好像很厲害，以為自己可以成為千手千眼觀世音菩薩。但是實際上是泥菩薩過江，自身難保。想想我們的法身慧命在何處呢？所以豪貴更應該學道。

借力使力經濟學，富貴功德把運轉

富貴不是在於金銀財寶上累積數字。富貴在於我們能不能「借用」。一般人用勞力去換取金錢，實際上做苦力是一件很苦的事情。用勞力賺錢，怎麼都沒有辦法超過那些用金錢賺取金錢的人厲害，這是很諷刺的。但金錢遊戲就是這樣，華爾街就是這樣，出一張嘴，電腦按一按，所有的東西就是一個數字遊戲而已，可以一夕致富也可以一夕破產。對豪貴的人來講就只為了圖一個刺激，但是對我們來講叫做三餐，今日不知明日事。貧窮，有很多事情做不了，真的很無奈沒辦法解決。回過頭來講，富貴的人也很苦，為什麼富貴人很苦呢？因為他們有他們的世界，也會有不如意的地方。每一位眾生，不管是貧窮富貴，其實沒有一個是不苦的。

對學佛的豪貴而言，有很多東西是可以用錢打發，用錢來修福報，所以有所謂的功德主。用錢去買別人的時間協助工作，然後自己來修行。許多大老闆不就是這樣子嗎？有時候，看到這樣貧與富的故事，這也是智慧的象徵、福報的象徵。我們可以用不同的方式去讓自己維持一個身份、地位，在佛法中也是同一個道理。所謂「佛法在世間，不離世間覺」，世間的道理是這樣，在佛法的修行也是這樣。

佛陀教授只放光，弟子代宣廣傳揚

佛陀講這一堂數學課，講完之後他又做什麼呢？又繼續讓別人講了。在我的想法當中，一個好的修行環境應該是這樣的。佛陀在這部經裡面大部分的工作在做什麼？他負責發光，大部分工作不是負責講課。從早講到晚，每堂課都教那是對小學生；對大學生來講，教授都只畫兩段重點之後，「大家回家交報告，寄到我 e-mail」，《華嚴經》很像這種狀況。
道場的修行應該是怎樣？大家看到師父，不是說：「師父，我有疑問！」不是。大家看到師父要知道，等一下師父又要念：「你到底念了幾部了？」這個效果就到了。然後，每次學員來的時候就開始彼此分享：「我跟你講我最近念了幾部，我最近對哪一品非常有感觸。」每個人應該是這樣。

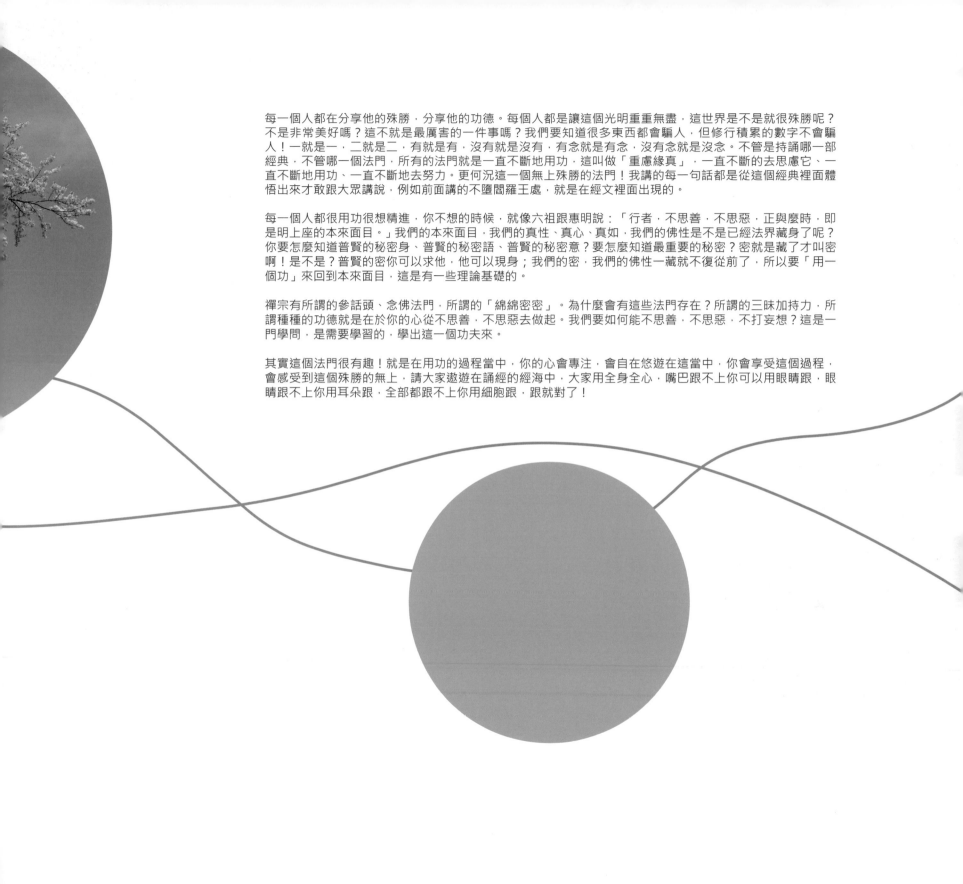

每一個人都在分享他的殊勝，分享他的功德。每個人都是讓這個光明重重無盡，這世界是不是就很殊勝呢？不是非常美好嗎？這不就是最厲害的一件事嗎？我們要知道很多東西都會騙人，但修行積累的數字不會騙人！一就是一，二就是二，有就是有，沒有就是沒有，有念就是有念，沒有念就是沒念。不管是持誦哪一部經典，不管哪一個法門，所有的法門就是一直不斷地用功，這叫做「重慮緣真」，一直不斷的去思慮它、一直不斷地用功、一直不斷地去努力。更何況這一個無上殊勝的法門！我講的每一句話都是從這個經典裡面體悟出來才敢跟大眾講說，例如前面講的不墮閻羅王處，就是在經文裡面出現的。

每一個人都很用功很想精進，你不想的時候，就像六祖跟惠明說：「行者，不思善，不思惡，正與麼時，即是明上座的本來面目。」我們的本來面目，我們的真性、真心、真如，我們的佛性是不是已經法界藏身了呢？你要怎麼知道普賢的秘密身、普賢的秘密語、普賢的秘密意？要怎麼知道最重要的秘密？密就是藏了才叫密啊！是不是？普賢的密你可以求他，他可以現身；我們的密，我們的佛性一藏就不復從前了，所以要「用一個功」來回到本來面目，這是有一些理論基礎的。

禪宗有所謂的參話頭、念佛法門，所謂的「綿綿密密」。為什麼會有這些法門存在？所謂的三昧加持力，所謂種種的功德就是在於你的心從不思善，不思惡去做起。我們要如何能不思善，不思惡，不打妄想？這是一門學問，是需要學習的，學出這一個功夫來。

其實這個法門很有趣！就是在用功的過程當中，你的心會專注，會自在悠遊在這當中，你會享受這個過程，會感受到這個殊勝的無上，請大家遨遊在誦經的經海中，大家用全身全心，嘴巴跟不上你可以用眼睛跟，眼睛跟不上你用耳朵跟，全部都跟不上你用細胞跟，跟就對了！

聞法啟示 百部華嚴直達不可思議境

傳塵大和尚提倡誦讀 100 部《華嚴經》雖是一項挑戰，但也是對心靈成就的追求。雖然《華嚴經》被認為篇幅冗長，難以完成，但透過持續的努力——每天一卷，一年四卷，可以在 25 年內完成 100 部，這樣的成就不僅是個人精進的象徵，也是對後世的啟發。這一目標對許多人來說可能是一生的修行量，但達成後帶來的不僅是成就感，更是心靈的轉變。

這項修行被視為前無古人的殊勝功德，雖然歷史上鮮有人完成，人生的喜悅從完成第 100 部《華嚴經》開始，這不僅是為了自己，也是為了開啟通往淨土的大門。完成後，修行者的目標可能逐步擴大，從 100 部到一千部，甚至更多，展示了無限的精進可能性和對佛法深入的理解。

這樣的修行不限於數學能力出眾的人，即使是最基本的誦讀，也是在種下菩提種子，為未來的修行奠定基礎。即使在今生沒有完全用功，也無需灰心，因為每一次的努力都是向不可思議解脫境界邁進的一步。這個過程中，無論是念完一卷還是一百部，《華嚴經》的誦讀都被視為一種殊勝的功德，能夠引導修行者進入不可思議的解脫境界。因此，這個修行目標不僅是一個人生的里程碑，也是心靈成長和轉化的象徵。

生命如苦海！苦海泛慈舟，這樣的觀念提醒
我們要積極行動，只要跟著隊伍修行，就能在
華藏的因陀羅網中得到彼此的護持，當萬緣和
合，就能以智慧處理種種因緣。

To some people, life may sound like in a sea of suffering. A compassionate boat can convey us to the other shore of the sea. The Master also encourages us to take positive and proactive actions. As long as we chant the Sutra with the team, we will get mutual support within the Indra Net of Dharma and surpass turbulence wisely.

百億華嚴登玄門　百萬菩薩入藏海

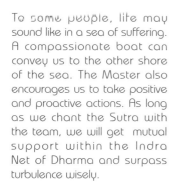

星空下，
與孤獨的靈魂共舞

華嚴海會。第七日。卷五十四．卷六十二。傳塵大和尚開示節錄

普皆慧雲興〈二百問〉，普賢瓶瀉兩千酬

今天離世間品的內容為「普賢瓶瀉二千酬」。用 2,000 個答案去回答 200 個問題，就好像我們明天要考試了，現在趕夜車背重點、背答案，很緊急明天就上考場了，要戰戰兢兢地。明天就要成佛了，成佛前要上臺表演，要放光。你要先背出答案，這 2,000 道光是什麼樣子。這時候，臨陣磨槍不亮也光，這 2,000 酬非常的殊勝。經過這七天的用功，我們的心已經非常純淨了，每個人都非常的歡喜、非常的精進，現前眾、當機眾每一個人在這壇城之內，萬眾一心，一起努力，一起用功，現在功效慢慢出來了。

大眾有沒有去泛過舟？想像從 2,000 公尺的高山泛舟衝下來，這是非常驚險的。在苦海裡，我們不可以慢慢划，慢慢划你就容易翻船，泛舟的速度要乘風破浪，今天這個離世間品的二千酬就像乘風破浪，我們想要破無始劫的無明，就要這樣拼命。跟《華嚴經》的法相應，要用智不能用識，用識心無法跟佛最究竟的般若智慧相應。每個人本具如來智慧德相，但是智慧德相不顯，只因為妄想執著。要離心意識去用功，最後才能體驗如來教法殊勝的地方。

在禪宗的用功，要怎樣才有辦法離心意識，這法門叫做「參話頭」。但離心意識的用功，又何曾是容易的功夫呢？離心、離意、離識去參，這個功夫不是一天兩天能夠練來的。我們念了十年，發現就算念再快，我們都還有妄想心，這就是所謂的「堅固妄想」，妄想跟水泥一樣堅固，敲都敲不破，所以要用比妄想還厲害的錘子，才有辦法打破它，在共修過程中，如乘風破浪去用功，這就是大家共修最殊勝的地方。

百萬華嚴願起因，絕美禮物《華嚴經》

最初為什麼要發心印 100 萬套《華嚴經》？細算 100 萬套《華嚴經》是台幣 10 億！通常一個人再有錢也不會拿 10 億去印書，是吧？

這是世俗觀念。很多人問：「傳塵法師為什麼要發這個願？印經不就印個 1000 套、2000 套就夠了嗎？印那麼多有人要看嗎？」十年來，我真的證明有那麼多人要看，我們拿 30 萬套《華嚴經》到世界各地，許多人一聽到這經書都非常歡喜踴躍，覺得稀有難得。「工欲善其事，必先利其器。」只要是道場，我們都是無限量供應，以做為道場用功之便。今天我們已經用功到第七天了，有沒有證明這一套經書真的很好念。標點符號和斷句，設計很順暢。我們用了種種的心思，用非常好的紙張，這活動讓大家能供養《華嚴經》，又能持誦《華嚴經》，是相得益彰的法供養。這套經書雖然不是裝飾品，卻是全世界最美的經書，就算不念誦它，也會把它當寶供著。有一天，供到善根自然流露的時候，就會與它相應而拿下來持誦。若是當做送禮給有緣的人與他結緣，也會是一個最美麗的禮物。

至於為什麼要印 100 萬套？我們提到「菩薩因陀羅網」、「共修很殊勝」，前面也講了「人心比天高」。成佛路上，對自己的願心來說，我們的願力跟如來比起來，其實很微小，如來可以三千大千世界，每一個地方皆能施捨頭目腦髓，而我們這 100 萬部《華嚴經》比起來，不是太困難的事情，錢的問題，募資就好。更大的意義在於，世間以金銀財寶為貴，是不堅固的，是無常敗壞的東西，所以有智慧的人要把有限的錢財去換取堅固之寶。什麼是堅固之寶？法供養就是。法寶供養出去能換得什麼呢？換金輪王說法，這就是最殊勝的功德，我們捨世間財換取無上法財，這就是以真正智慧換取的無價珍寶。

跟大眾比我的確是年輕的和尚，為了穩固堅定自己的心，人生要有一個堅定追求的目標，所以就為自己定一個目標。如果說要花時間去努力的話，我應該去定一個這一輩子內做得到的事情，所以就想說，我要去結緣 100 萬位菩薩。

華嚴會上入門票，百萬菩薩同發心

為什麼訂定 100 萬位菩薩？在每年念《華嚴經》過程，我一樣一邊看一邊念，心裡思惟這經到底有什麼厲害的？我發現〈十住品〉裡不是常常出現百萬菩薩嗎？從東方來百萬菩薩、從西方來百萬菩薩，於是就悟到了一件事情！先問問大家想不想參加真正的華嚴勝會呢？我們現在這場只是世間上夢中的華嚴勝會，是大做夢中佛事。為什麼？因為結束日期到了，這個法筵就散會了。

智者大師誦持《法華經》，他誦持到法華三昧現前，看到「靈山會上，儼然未散。」所以讓我理解到，佛陀現在在哪裡？靈鷲山上還是繼續演暢《法華經》。同理可證，佛陀現在在菩提伽耶「華嚴會上，儼然未散」就是這個道理。

但是，真正參加華嚴大會，去菩提伽耶聽得到華嚴勝會嗎？恐怕還不行。因為本不發菩提心，本不發菩提願，本不修普賢行，所以不見、不知、不聞如來甚深微妙法。所以那時就悟了一件事情，要能參加十住菩薩、十行菩薩、十迴向菩薩、十地菩薩的華嚴勝會，能夠到普光明殿、到普莊嚴殿、到天上人間各個地方「七處九會」，這華嚴大會的最低的門檻也就是「門票」，是百萬菩薩眾。原來華嚴勝會的入門票叫做「百萬菩薩眾」。我這位年輕和尚的願望真的很微小，就只想看一眼佛陀的金身就好了，所謂的花開見佛悟無生。雖然妄自菲薄知道自己不是什麼了不起的人，想要跟文殊菩薩、普賢菩薩一樣代佛說法、與佛陀論議，我還不敢。我只是很卑微想要湊一團，人數達標夠去見如來真身就好、去看看真正的華嚴勝境就好。

所以我就悟到一件事情，我們要發百萬宏願，百萬同行法慧菩薩，先湊個一百萬再說，然後再慢慢整隊。但是要用什麼辦法整隊呢？看看我們今天，不就是在整隊嗎？每天念經不就在整隊嗎？每個人的念頭雜亂紛飛，要怎麼整理然後變成同共一心？同一個聲音一起念經，不就同共一心嗎？梵韻滿娑婆。大家同一個聲，同一個心，同一個循環，同在一個法界當中。百萬菩薩是一個很殊勝很美麗的願望，見到佛就會成佛了，見到佛我們就會發心，發無上心，發無上意。怎麼有可能不會成佛呢？大家憑著這個心「中中流入薩般若海」，是很殊勝的意境，是百萬菩薩交織成的因陀羅網。

因陀羅網互牽引，光光相攝互提攜

為什麼佛陀要用因陀羅網做比喻呢？我們看看網子的結構，每個人就如同一個結點，每個結點就像一個燈泡，一個燈不亮沒關係，因為別的燈亮，不亮的燈自然也亮了，菩薩因陀羅網就是這樣的概念。

凡人總是會起煩惱，但沒有關係，別人有智慧就會照亮自己的黑暗，所謂：「三人行必有我師」，更何況我們是菩薩因陀羅網。當我們加入了華藏世界，每一個人，燈燈相傳，光光相照。為什麼要點燈？我點我的燈，也幫忙點眾生的燈、點大眾的燈。我們觀察一下網子，它有一個特性，當我們把網子往下拉，往下拉是什麼意思？有人墮落了，沉淪了，造惡業了。但是這個下拉的力量會拉到一個程度就沒有辦法再拉下去了，為什麼？因為旁邊的線把你拉住了，所以永不墮落。如同我們在菩薩因陀羅網當中，永不墮落，因為大家把我們拉得緊緊的，絕對不會墮落，這是一個非常殊勝的境界。佛陀會比喻菩薩因陀羅網，是因為眾生難免會造惡業，但我們並沒有故意要造惡業。是在這五濁惡世中，劫濁、見濁、眾生濁、煩惱濁、命濁，讓我們無意中造了惡業。我們因為無知，不知這些是惡，不知哪些是善，我們輪迴在當中，其實是很無辜的。

菩薩因陀羅網很厲害，當我們沉淪了就會把我們拉得緊緊的，不用擔心墮落這件事情。然而菩薩因陀羅網還有更厲害的，是什麼？相反的，如果有一個點往上拉，會怎樣？就像粽子，只要有一個人拉上來了，整個網子就往上拉了，這就是菩薩因陀羅網最厲害的地方。我們在這勝會當中，只要有一個人超脫了、一個人成了，單單憑藉一毫光的功德，就能療癒芸芸眾生。一個人沉淪不是太大的問題，因為大家把你拉得緊緊的，一個人成就，我們全部都一起成道。所謂：「一人得道，雞犬升天。」這就是因陀羅網最殊勝的功德。

若人欲了知，三世一切佛，應觀法界性，一切唯心造。

不是師父在亂講騙你，因為佛法在世間，不離世間覺，世間的法是這樣，佛法就跟世間法是一模一樣的，不會有任何的差別。我們要去體會佛陀為什麼教我們這樣修，這些道理都不是離開《華嚴經》而講出來的，佛經中每一句都是可以開悟的話。「一花一世界，一葉一如來」，每一句話字字珠璣。佛陀沒有浪費一點時間，每個字都在發光，是我們用識不用智，我們叫做鐵石心腸，一點都沒有受到感動。當我們把心修證到忍辱柔和，調柔寂靜，那時候真正體驗到這一朝的時候，我們才會知道原來真的是大放光明，這華嚴法會，華嚴的境界真的叫做「不可思議」。

今生與佛陀相遇，遇到這個殊勝微妙的法，《法華經》上說：不管是羊車、鹿車、牛車，不管我們相應什麼法，它都是唯一大白牛車。所以不用擔心自己修的法是好或是不好，沒有一個好或不好的法，只有最適合自己，最相應自己的法。佛陀授記大眾：「若人入塔廟，一舉手一投足，皆已成佛道。」我們在這個地方，不止一舉手一投足，還用十事獻供、身口意獻供，親身去朗誦佛陀的無上甚深

妙法，甚至頭目腦髓我們都能捨施，受菩薩戒，行菩薩道，發普賢十大願，所以，我們最終一定會成佛。

在時間的長河遇上就是有緣。常言：「十年修得同船渡。」我們一同參與華嚴勝會是我們累生累劫，在佛陀面前磕破了許多蒲團得來的一場殊勝功德，要相信佛陀的慈悲沒有限量，也要相信自己的慈悲也將會沒有限量。

連續多天的唱誦，師父的聲音沒有前幾天那麼乾淨好聽，是因為我們的確有身心的限制，這是證明身體終將無常敗壞，但是，每當念到「以不堅固求堅固法」，這不就是佛陀給我們最感動的一件事情嗎？佛陀很能體會無常敗壞，所以給我們一個最殊勝的禮物，叫做「佛法」。大家對佛法要有信心，我們要在這一起發普賢殊勝願，要發願：「當來必定成佛！」

聞　　　　　法　　　　啟　　　　示

華　　　　　越　　　　嚴　　　　孤　　　　　因

超　　　　　　　　　　　　　　獨

陀　　　　羅　　　　網

照　　　　亮　　　　心　　　　靈

孤獨是許多人內心的常態,在尋求深情交流的同時,我們又害怕情感的羈絆。這種矛盾讓我們在期待與孤獨之間徘徊,認識到深情所帶來的苦楚難以逃避。即使我們的深情常被辜負,孤獨也成為一種自我接受的方式。在人生的輪迴中,我們常被貪瞋痴所困,迷失方向。

然而,孤獨的夜晚,仰望星空,我們能見到《華嚴經》中提到的因陀羅網,它象徵著無數光芒之間的相互連接,如命運之絲將孤獨的心靈緊緊相繫。這不僅是靈魂的共舞,也是每次面對孤獨的重生,認識到即使孤獨,每個人都擁有自己的光芒。當我們學會欣賞這份光芒,並用它照亮他人,我們在寒冷宇宙中找到了自己的定位和溫暖,這便是人生最美的篇章之一。

《華嚴經》不僅是對文字的深入研讀,更是心靈修煉的過程,讓我們在面對人生波折時,保持堅定信念,如乘風破浪之舟般勇往直前。修行的道路上充滿挑戰,但通過持續修煉,我們學會用智慧洞察事物,保持心靈的純淨。

百萬《華嚴經》的印刷計畫體現了對佛法智慧的傳承與尊重,將有限的財富轉化為永恆的法寶,這是對無上功德的投資。透過每天的念誦和修煉,我們建立起內心的精神堡壘,照亮前行道路,體會到修行是一個長期堅持的過程,每一次共修都是向心靈解脫邁進一步。

這段精神旅程啟示我們,真正的華嚴勝會超越時空限制,佛法的教導永遠傳揚,指引我們超越塵世束縛,進入永恆法喜。遇見佛法是一份難能可貴的緣分,我們應以廣大慈悲心面對生活中的一切。這不僅是對未來的期許,也是對菩薩道的堅定承諾。在菩提之路上,我們心懷信念,無論遇到何困難,都將繼續修行之旅。

禪心明鏡，踏上菩提路

在不斷變動的生命長河中，如何找到永恆不變的旋律？當一切都是無常的，修行才是最堅強的依歸。讓我們不再執著於肉身，而是圓滿一個最堅固的法身。

In the ever-changing universe of life, how could we find our footing? When encountering impermanence, it is in the practice of Buddhism where we find the safest harbor. Let us no longer cling to our physical bodies. Instead, we need to focus on reaching Enlightenment.

求善知識勿生疲懈，見善知識勿生厭足，於善知識所有教誨皆應隨順，於善知識善巧方便勿見過失

《大方廣佛華嚴經　入法界品》

華嚴海會·第八日·卷六十三～卷七十·傳塵大和尚開示節錄

感恩善知識引領，發願成為善知識

今天的進度來到善財童子五十三參。善財童子五十三參講的是菩薩發心成佛所經過的種種磨練、向無數善知識學習的過程。現在這時代是西方科技、經濟的時代，如果有去研究歷史，會發現有好多的發明早在古時候就已經發明出來了。可惜有的文人說這些叫「奇技淫巧。」也就是玩物喪志的意思，之後，也就沒有再繼續研究了。

我們常講：三年學功夫。學功夫要怎麼學？要偷學才能出師。為什麼？過去的技術是師父傳徒弟，過程先暗藏一步，深怕徒弟學會了、翅膀長硬了獨立門戶，因此許多技術就這樣失傳。佛法中不會這樣，在修行過程中，我們要遇到無數的善知識、貴人，才能有所成就。菩薩都是掏心掏肺讓我們成就的。

在華嚴法會第一天，休息室有人叫住我。回頭一看他說：「師父，你不認得我了嗎？」二十年前我曾經調任到新北市泰山區的精舍擔任知客法師。當時的住持法師非常慈悲、也非常有度量、有承擔力。在我修行歷程中，雖然與他相處只有短短一年的時間，他在我心中是亦師亦友的師長，無私地把他能說的、能學的、能做的都歡喜布施給我，讓我有學習的機會。二十年前，這位法師法緣殊勝，有時佛事應接不暇，他就會請我：「傳塵法師，你來幫忙做一場佛事。」今天這位居士就是二十年前，我生命當中第一次主法所結緣。當時是為這位居士的公公做入殮、封棺，是我人生中主法的初體驗。

為什麼要講這個故事呢？回想到二十年前那個自己，我的師父很有勇氣給我一個修行的機會，我什麼都不懂就讓我出家了。生命中，在我對這個世界充滿好奇的時候，卻沒有辦法四處去走走看看。雖然那時沒有很珍惜修行，也不懂到底要修什麼？反省那時剛出家、受戒，什麼都不會，我怎麼有能力接佛事呢？

二十年過去了，到現在還記得我為他們做了佛事。這種情況，就好像醫院派一個實習醫生幫人開心臟手術，你敢嗎？回想起來，當時的住持法師真的很有度量，也很有承擔力，讓我有學習的機會，如果沒有那一年的實習，今天可能我什麼都不會。同樣的，在二十年後的現在，我也應該要有能力讓大眾在二十年後不要有後悔，這才不枉費二十年來的檢討與反省，也才沒有白費當初善知識給我的教導。

所以今天善財童子五十三參要告訴我們的事情，就像當初我願意去出家，在剃度儀式上，老和尚拿著剃刀，在我們要剃除最後頂髻的時候，說：「假使熱鐵輪，於汝頂上旋，終不以此苦，退失菩提心。發菩提心！發菩提心！發菩提心！」當初承諾老和尚的，我要在佛法發菩提心。所以我檢討了二十年的時間，我有沒有真正發菩提心，這是我每天問自己、反省檢討的一個功課。二十年過去了，以前剛出家，幫不了任何人。現在，我們成就了這一個勝會，成就了這個因緣，以此來供養善知識過去的提點。

昨天經文佛陀為什麼「熙怡微笑心自誓」？是為自己發一個誓願而感到喜悅。因為眾生苦，我不做眾生不請之友，誰能承擔呢？捨我其誰呢？我們要當仁不讓，在生命當中，我看過無數的善知識，他們當仁不讓，成就了我們的因緣，這些人不是我們的誰，跟我們非親非故，卻樂意給我們這些後輩學習機會。在這條修行路上三人行必有我師，互為師友，善知識的功德真是非常殊勝的。

做眾生不請之友

算命際遇妙趣聞，避險奪命桃花劫

昨天講菩薩因陀羅網。每一個人都會有猶豫的時候、有辛苦、辛酸的時候，而我們在這一起努力，就是為了拉住彼此，讓每個人獲得成就。講一個有趣的事情，自己的笑話，這個笑話也是《華嚴經》的緣起之一，真的是一場有趣的意外。年輕出家時，我長得好看，師兄弟們見到我就說：「你那麼年輕又莊嚴，要小心喔！」「哎呀！年輕和尚很難修行也，你知不知道？」在這個時代，為了接眾總離不開人群，修行真的是很不容易的事。以前師兄弟常說：「你那麼莊嚴要小心喔！你不能笑口常開，這樣太莊嚴了，容易招來麻煩！」所以那時我就每天板著一張臉，為什麼？因為不敢笑，要是等一下魔女來了怎麼辦？我很害怕啊！所以鬧了一個很大的笑話。

十年前很多人來道場，我們歡迎每一個人來道場誦經、學佛、上課。當時結識一位算命師，隨眾生的心，既然他有這方面才能，以一個度眾的方便，就說：「那你來給我算算看。」結果他說：「師父，很不錯，你這命盤很有福報，但是不妙哦！」「怎樣不妙呢？」「師父，你命帶桃花！」「什麼？我一個男眾和尚命帶桃花！那還得了！這下法身慧命不就完蛋了，該怎麼辦才好？」這人也沒說清楚，所以從那一天起，我就每天板著一張臉，生人不近！誰都不准來，我都法界藏身關在房間裡，誰都不見！心想，先給我過了這一關再說。很多人說，來了道場都沒看過我。因為我藏起來了！真是要命啊！誰知道敵人是誰？

這次法會天女裡面有一位葉居士。這位葉居士八年前我就認識了，長得很莊嚴，八年前是更美麗。八年前，一位貴婦人跑來說：「供養師父，你的《華嚴經》念得好好聽。」一聽！我馬上板著臉，一句話也不敢多說，一點都不敢跟她多親近叫她念經，心想要是桃花劫來了怎麼辦？當時推廣過程，我就只能叫星淨法師或者我的阿姨這種老菩薩去念經，都不敢接觸年輕人。現在回想起來，八年前真是對不起你們啊！沒有度化你們，逼你們念經！這真的是我的錯啊！奈何我有桃花劫啊！而且他還說這桃花劫不是一般的桃花，叫做「桃花煞」！哎呀！我聽到了半夜都會嚇醒，什麼叫做煞？那是會傾家蕩產的！一個和尚還能傾家蕩產？這煞真是恐怖極了！

結果，命運不可違，真的是桃花煞！原來當時我發了一個願，說我要供養全世界一百萬套《華嚴經》，十億！這個十億不就是傾家蕩產嗎？原來我的桃花的花是「華」嚴經！這位算命的，真是算準了但又不準！這個經驗告訴我們，不要自己嚇自己，要順著自己的發心發願。八年前錯過的機會，真是不要怪師父當時不慈悲，是要怪你們太美麗啊！仔細思量，我的人生可以再過八年、再過二十年，但我相信人生是無常、人生是苦，你們的美貌再維持也沒有辦法抵擋八年的摧殘。因此，我希望每個人，不要跟自己的法身慧命開玩笑。從今天開始真的要發大心、發大願。把最後的光明獻供釋迦教主，我們燃燒出來的光才會更加璀璨。

聞法啟示
學習放下，從無知到和解的轉變

在《大方廣佛華嚴經·入法界品》中，我們被引領至善財童子五十三參的深奧教誨，一段菩薩發心向佛道邁進的精神歷程。此過程不僅是關於種種磨練的經歷，更是一場向眾多善知識求學的旅程。我們深感謝這些善知識慷慨分享法喜，賜予我們成就佛道的種子。

畢卡索說：「藝術家就是仍然用小孩子的眼睛去觀看世界的人。」大和尚常說，雖然我沒有小孩，但我喜歡觀察小孩子的世界。當我們活得越久，卻越不再對這個世界提出問題，不是我們懂得太多，而是自尊障礙了我們的心，讓我們故意忽略自己的不知道。更糟糕的是，我們越來越不知道自己的不知道。

回首過去，從最初的無知與迷茫，我們逐漸學會了如何面對自己的內心，如何與自己和解。在這個過程中，我們學會了放下，放下那些無謂的執著，那些束縛我們的枷鎖。透過修行，我們學會了如何聆聽自己的內心，如何與宇宙萬物相連接。當我們能夠與自己和解，能夠接受自己的不完美，我們就能夠擁抱這個世界，以一顆平靜的心去面對生活中的一切。

大和尚總是語重心長的提醒我們：「心若變，萬事變；心若定，萬事定。」一切的改變都源自於內心的變化，當我們的內心平靜而定，外在的世界也會隨之變得平和與和諧。因此，我們要持續修行，不斷探索內心的深處，以一顆慈悲與平和的心，去面對生活的一切挑戰與美好，用一顆開放而慈悲的心，迎接每一天的來臨，最後將這份平靜與滿足，傳遞到每一位因為具足的因緣而來到你身邊的人。

心若變，萬事變；
心若定，萬事定。
──

猶 如 蓮 華 不 著 水 ， 亦 如 日 月 不 住 空

《大方廣佛華嚴經 . 普賢行願品》

誦持《華嚴經》，我們學習佛陀成佛過程的福德智慧，這是我們修行最重要的養份。生命因此每天積
累、昇華，造就我們此時此地與佛陀的相遇。
所以傳塵師父開示我們：法會，這是佛陀給我們生命中最重要的禮物。感謝此刻與你的相遇！

After upholding the Hua Yan Sutra in the past nine days, we learn about the wisdom of how to become a Buddha, which is the basis of our practice.

Life accumulates and sublimates everyday, then ultimately we will reach the level of the Buddha. Master Chuan Chen emphasizes that Dharma is the most precious gift from the Buddha. Thank you all for accepting and enjoying this present with us.

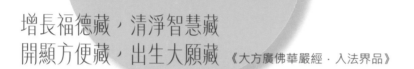

增長福德藏，清淨智慧藏
開顯方便藏，出生大願藏 《大方廣佛華嚴經‧入法界品》

華嚴海會‧第九日‧卷七十一～卷七十九‧傳塵大和尚開示節錄

香花燈塗十事供，四句偈誦為禮讚

今天是法會第九天。這個法會其實是一個禮物、生命也是一個禮物！剛剛很多人獻供，我們把自己擁有的，所謂的「我所」供養三寶。通常把東西供養出去都是想要祈求回饋，畢竟我們是凡夫有私心，所謂：「人不為己，天誅地滅」，供養出去，我們就要有所回饋，這是天經地義的事情。誰有無私的心呢？只有佛、菩薩才有無私的心。

華嚴海會的十供養—香、花、燈、塗、果、茶、食、珠、寶、衣。是佛門當中最至高無上的供養。結束之後，就領著結緣品回去，做為此次法會的禮物。這次在準備禮物的時候，我就在想要寫什麼法語？打開《華嚴經》看到善財童子，就有了想法。昨天開始我們跟著善財童子一路行腳旅行，你看最後的讚子「百城煙水渺無垠」，旅行的途中，善財童子一直在思惟。經歷這些善知識的教導，我們有沒有好好的去信順善知識的教誨？有沒有隨著善知識的教誨而開啟我的智慧？增長我們的菩薩心、菩薩行呢？

一直走走走，下午最後一支香的時候，善財童子參訪到彌勒菩薩。彌勒菩薩看到善財來，就跟所有的諸上善人、大菩薩介紹善財童子，讚歎善財是如此的珍惜與善知識相處的時間，珍惜順從善知識所得的法，講了四句話：「增長福德藏，清淨智慧藏，開顯方便藏，出生大願藏。」這四句是非常好的禮物。

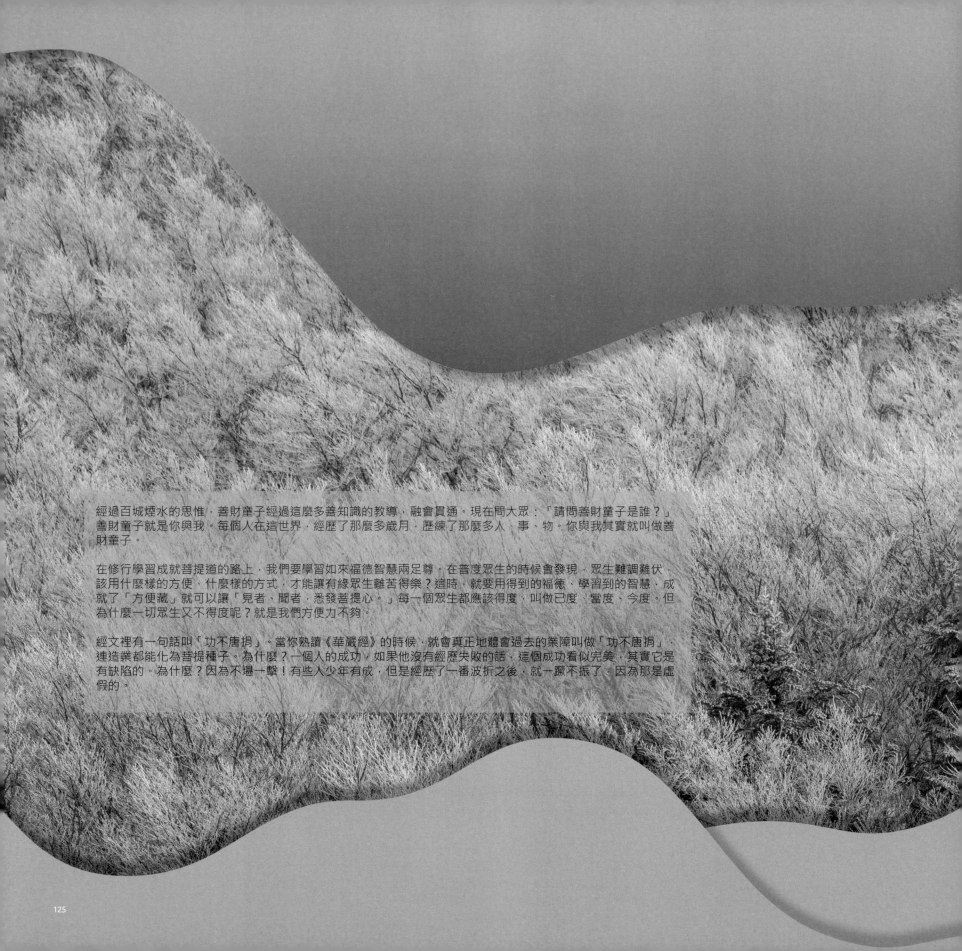

經過百城煙水的思惟，善財童子經過這麼多善知識的教導，融會貫通。現在問大眾：「請問善財童子是誰？」善財童子就是你與我。每個人在這世界，經歷了那麼多歲月，歷練了那麼多人、事、物。你與我其實就叫做善財童子。

在修行學習成就菩提道的路上，我們要學習如來福德智慧兩足尊。在普度眾生的時候會發現，眾生難調難伏，該用什麼樣的方便、什麼樣的方式，才能讓有緣眾生離苦得樂？這時，就要用得到的福德、學習到的智慧，成就了「方便藏」就可以讓「見者、聞者，悉發菩提心。」每一個眾生都應該得度，叫做已度、當度、今度。但為什麼一切眾生又不得度呢？就是我們方便力不夠。

經文裡有一句話叫「功不唐捐」。當你熟讀《華嚴經》的時候，就會真正地體會過去的業障叫做「功不唐捐」，連造業都能化為菩提種子。為什麼？一個人的成功，如果他沒有經歷失敗的話，這個成功看似完美，其實它是有缺陷的。為什麼？因為不堪一擊！有些人少年有成，但是經歷了一番波折之後，就一蹶不振了。因為那是虛假的。

佛陀教給我們的法非常的偉大，叫做「千年暗室，一燈即破。」看看這殿堂，再怎麼寬廣，只需要一根蠟燭就亮了，這在譬喻佛陀的法非常厲害。我們無始劫的輪迴，不需要多，一句佛法我們就翻盤了，過去種種就會逆轉，昨日非，今日是，「昨非今是」這就是佛陀教法非常厲害的地方。

在這個過程中我們都是小善財，我們都是從福城中生，因為我們已經與佛法相應，我們是乘著福報願力而來，過去種種的業，成為今天種種的菩提果。所以「煩惱即菩提、生死即涅槃」是一個非常厲害的體悟、非常厲害的修行法門，《華嚴經》就是這麼厲害！我們經歷那麼多，要相信每一個人當來必定成佛。

所有的佛都有一個「本願」。我們看地藏菩薩本願經、普賢菩薩十大願王、阿彌陀佛四十八願、藥師如來十二大願，我們現在還沒有成佛之前行菩薩道，以佛願為己願。當我們經歷過善財童子這般的參學，閱歷過無數的善知識、經歷思惟、考驗、磨難、學習，每個人生命的種種凝聚，最後「出生大願藏」，每尊佛都有他自己的大願而成就如來的功德。經過鍛煉、提升，心的層次不斷轉換，最後就叫做「出生大願藏」。

所以我希望用這四句話期勉大眾。每一個人在菩提路上，要駕馭這四句話，要讓它變成我們生生世世最珍貴的寶藏。我們沒有要把三千大千世界藏在一個芥子，變出什麼空中行、空中臥這些神異古怪的事情，只是去積累自己的福德、智慧、方便、願力等種種寶藏。我們看善財童子的福德叫做「百寶從地出」，寶藏從地上噴湧而出，當我們經過了努力、經過鍛煉，寶藏也會噴湧而出。

百部華嚴登玄門，量變質變真富貴

在推廣《華嚴經》過程中大家常問：「真的有必要持誦 100 部這麼多嗎？」我們要知道，有一個道理叫做「量變造成質變」。世間人可以去運動鍛煉身體，可以去健身房鍛煉肌肉，讓身體保持健康；我們的心靈、心的層次是非常脆弱的，若沒有千錘百煉、百煉成鋼的精神去鍛煉它，真要經過大風大雨時，又有多少人扛得住呢？我們是凡人，凡夫有凡夫的鍛煉方法，方法叫做「量變造成質變」。

煩惱即菩提、生死即涅槃

《華嚴經》所以會堪稱為富貴，是有它微妙的道理。為什麼說叫做微妙法？因為「妙不可言」。怎樣堪稱富貴？沒有學佛前富貴的定義叫官居一品、金銀財寶樣樣豐足、妻妾成群、兒孫滿堂、良田百畝、壽高八十，是不是？有一個人去見閻羅王，閻羅王問「你對於來生有什麼願望？」他就把剛剛這些講給閻羅王聽。閻羅王問他：「你有沒有意願做閻羅王啊？」「為什麼我要做閻羅王？」「因為，如果有這麼好可以投胎的地方，我閻羅王都不想做了。換我去好了！」不就是這個道理？但是，人世間再富貴你也得去面對空氣污染，夏天也是三十幾度高溫、汗流浹背，跟平民百姓一樣，這個富貴在人世間叫做「苦樂參半」。

所謂的量變造成質變，姑且做個比喻：如果我誦一部《華嚴經》80 卷，就能換一個來世 80 年的壽命，擁有像前面所說的富貴，我們先這樣 1：1 轉換。請問如果誦 100 部《華嚴經》，照這比例去兌換的話，不就是會有 100 世這樣 80 歲的富貴嗎？但是我們以為《華嚴經》就這麼便宜嗎？不是！他會開始轉變。當你把這 100 生湊在一起變一生，獲得 100 部的果報時，會變成怎樣呢？會變成八千歲。八千歲是什麼概念？人間的壽命差不多是 80 歲，所以一世 80 歲。但是八千歲活在人間是不可能的事情，彭祖 800 歲就被閻羅王抓回去，所以八千歲的人不是住在人間，住哪裡呢？我們就往上一層去看，離我們最近叫做四天王天，壽命是 500 歲。四王天一日一夜是人間 50 年的時間。一般人常說要去享「天福」，四王天過一天，我們要過 50 年，天上人間是不同壽的。你覺得念 100 部《華嚴經》會去四天王天嗎？不會。為什麼？因為八千不等於五百。所以我們繼續算，在經典當中什麼叫八千歲呢？叫做化樂天，是八千歲的壽命。一日一夜是人間八百年的時間。你看看它的壽命叫做無盡的延長，量變會造成質變。你可不要不滿足，覺得說我沒有要生天，我是要去極樂世界，念《華嚴經》你就會知道化樂天主是誰？就是某一地的菩薩，你還不滿足嗎？

須彌頂上世間主，無價珍寶奉此生

我們持誦《華嚴經》到了化樂天已經很厲害了！更厲害是什麼？念 200 部到哪裡？就到他化自在天，這是世界主，你將是一四天下的小世界主

人。200 部量變造成質變，300 部《華嚴經》是什麼功德？就超脫欲界進到色界當中，做梵天王統領小千世界。《華嚴經》裡面一直重複天龍八部、種種梵天王、淨居天，因為這些都是菩薩法界藏身，假裝示現為眾生之身，其實是在廣度無量眾生，更何況你是帶著法去投生的。世間樂是沒有出世間樂的來得可貴的，此時，由欲轉成定，生命就做最重要的昇華。欲界的樂再快樂絕對沒有出世間禪定樂可貴，如果念 300 部就換一個到禪定天的壽命，就已經不是幾萬歲了，時間叫做「劫」，已經到了不能用手指去數盡的歲月，叫做「與天同壽」。

如來跟阿難說：「如來證到四神足有什麼功德？」「能住壽一劫。」這代表是真正證得大神通，大禪定之人，生死差不多叫做自在了。如果我們能依照這樣用功，更何況你用功 500 部、1000 部。

所以為什麼說佛陀要教我們數學題？因為量變會化為質變。生命的品質是因為我們每天的積累而產生提升昇華的，無價寶藏就是等待每一個積累去挖掘，這是生命給我們的禮物，讓我們在今生與佛陀相遇！這是佛陀賜予我們的寶藏、生命給予自己的機會、給予我們自己的寶藏，師父謹以這簡單的四句話跟大眾結緣。來到華嚴勝會，最後真的要發起殊勝大願，人人當來必定成佛！

聞法啟示

蓮心映智・善財行雲

在人生旅途中，若能保持心如蓮花般潔淨，以空寂心境行走於世，便是對生命的深刻理解。菩薩的心境，恬淡而堅定，寂靜卻無畏，展現了我們應在喧囂中學習的至高境界。這不僅是心靈的昇華，也是對存在本質的深刻洞察。保持內心清澈，將困擾視為成長的養分，可讓我們在世俗中自成一片淨土。

空寂行的實踐是對萬象深層體悟。通過深刻理解一切現象的無常、無我、互依性質，我們能在寂靜的空性中找到生命的真義，超越物質追求，保持內心平靜。心靈轉化關鍵在於不斷的修習與實踐，

每一次的反思和冥想都是自我探索的旅程，幫助我們剝去外在偽裝，發現內心真實。

《華嚴經》透過善財童子的修行之旅揭示智慧與慈悲，展示如何將個人修為奉獻給佛法與眾生。善財童子每一步都是對智慧的追尋，彌勒菩薩的讚歎—增長福德、清淨智慧、方便利益、大願力量的培養—鼓勵我們在生活中累積福德、淨化智慧。

這段修行旅程教導我們，真正的供養超越物質，更在於心靈層面的奉獻。

《華嚴經》不僅描述生動場景，而是一次次心靈的觸動，教導我們如何將煩惱化為菩提，生死輪迴轉化為涅槃，從自我中心到無我奉獻的轉變。

《華嚴經》提醒我們努力與修行種下的菩提種子終將開花結果。即使面臨迷茫，只要堅持佛法信仰，持續修行，終能覺醒，實現真正悟道。以善財童子修行為鑑，我們學習實踐佛陀教誨，累積福德智慧，利益眾生，培養弘大願力，攜手邁向菩提光明之路。

慧 慾 重

重，爍破太虛空

For ten days, we chanted the Hua Yan Sutra together to pray for joy and peace in the chaotic world. We aspire to draw upon the wisdom of the Sutra, embracing the power of "Layered Flames of Wisdom, Penetrating Through Emptiness".
Once we dedicate merits to all sentient beings, we will dispel the darkness of millennia, illuminating the space with our lamps. Please continue chanting the Sutra and transferring the merits. This will allow us to influence others and radiate our wisdom.

10 過去十天，我們一起誦經，為這個持續紛擾的世界，祈求幸福與和平，希望汲取《華嚴經》的智慧，領受「慧燄重重，爍破太虛空」力量，只要我們起心動念，將功德迴向給十方大眾，必能讓千年暗室，一燈即明。請持續地誦經迴向，讓生命影響生命，創造屬於我們慧炬光明的永恆！

如我天鼓所出音聲，於無量劫不可窮盡、無有間斷，若來若
去皆不可得

《大方廣佛華嚴經‧如來隨好光明功德品》

華嚴海會‧圓滿日‧卷八十～普賢行願品‧傳塵大和尚開示節錄

雷音天鼓淨颺塵，無風自鳴盛吉祥

今天是華嚴海會十天圓滿日，首先，要跟大家祝賀一句：「我們圓滿一部《華嚴經》了！」
所謂的難行能行，難忍能忍，但也好像沒有那麼難行、難忍。想像中念不完的經，原來也可以那麼好念；想像中高遠的功德，
原來十天就能圓滿了。師父今天要與大眾分享，我在這十天悟到了一件事情：「我不是我傳塵法師，我不是我。」我是誰？
我是「天鼓」。

有沒有看到《賢首品》裡面提到「天鼓」？這十年來我就是做天鼓的工作：「無風自鳴」，每天都在告訴大家：「你們念了
幾部《華嚴經》？」不念《華嚴經》我們像如來說的無救無歸。原來這十年，我不是我，我是天鼓，我覺得很高興，為什麼？

因為我在《華嚴經》裡面有我的位置了，我是天鼓，我有一品了。

《華嚴經》是一部成佛的經典，非常難，非常辛苦，要成佛基本上非常的不容易，只有「真正發菩提心」的人，才能在這個經典當中脫穎而出。眾生都在輪迴，要知道我們跟釋迦如來本是同學，三大阿僧祇劫

他成佛了，無始劫來有許許多多數不盡的佛成佛，而無始劫以來我們還在沉淪。佛陀成道後，他只為了告訴我們一件事情：「人人必當成佛。」所謂「開示悟入，佛之知見。」不是佛叫我們成佛。是佛說我們必定成佛，這是必然！這是一定的！生命沒有所謂的偶然，只有必然。

成佛捷徑在勝解，不忘初心成佛餘

前天我才跟大家講，成佛是一件很難的事情，但其實成佛有捷徑，捷徑在哪裡呢？捷徑在今天誦念的經裡面，今天大家圓滿十天法會，真的是滿載而歸，很慶幸我真的悟到了，我是天鼓，無風自鳴，成佛的捷徑叫做什麼呢？今天有一句話叫做：「我以廣大勝解心，深信一切三世佛。」

成佛最重要的元素叫做「勝解心」。追求一切成果，如果沒有勝解，就沒有一切因緣的成就。什麼叫做勝解？今天我們有好幾位菩薩獲得七尊如來的獎項，因為他們圓滿了一百部的《華嚴經》誦持。大眾看到眼睛有沒有亮起來了呢？這就叫做勝解，吸引你的心「我也想要得到」、「我也想要擁有」、「下次我要更拼命的衝了！」是不是？修行這件事並不是佛陀叫我們修才修，我們自己不修，說什麼都沒有用。我們在這人世間，勝解之心幾乎是沒有的，為什麼？就好像我們出國去日本看櫻花，很美，美不勝收。但是，第二年有機會再去的時候，「嗯，我看過了，也沒什麼。」

我很慶幸我很年輕就出家了，對這世界充滿了好奇，每一件事都是第一次見到，但是你看我們修了那麼多年，漸漸就開始沒什麼了？越修越沒有勝解。這是非常大的警訊，所謂「不忘初心，成佛有餘。」我們若連勝解之心，連自我提升的路都斷絕

了，那我們憑什麼成佛？要等誰來救？佛都救不了我們。所以成佛的捷徑在於「勝解之心」，所謂的為首，為勝，為無勝，為上，為無上。修行之難，咬著牙就爬上去了，因為「殊勝」兩個字。

達摩祖師做王子的時候，有人拿摩尼寶珠供養般若多羅尊者。般若多羅尊者問三王子：「此珠圓明，有能及否？」大太子跟二太子都說，這是價值連城的摩尼寶珠，只有匹配供養般若多羅尊者才是真正的無上供養。達摩祖師說：「此是世寶，未足為上。若明其寶，寶不自寶？」寶，它自己不知是寶貝，你看一隻螞蟻走過摩尼寶珠，能吃嗎？它根本沒興趣，誰才能辨識這個寶珠是寶？是有智慧的人看了這個摩尼寶珠，才能辨識這是無上摩尼寶珠，能與一切諸供養具。所以真正厲害的東西不是世間寶，是我們每一個眾生都擁有的能知能覺之心，智慧之寶，所以，成佛不由他人，成佛要每一個人自己去達成。修行人常說：修行一輩子就是希望能「明心見性，見性成佛。」但這好像是遙不可及的目標，對不對？我們心裡有種種的怯弱而失去勝解之心。所以勝解在這人世間幾乎很難，只有在清淨高貴的無上法中才有。當我們去披覽這一部殊勝的經典時，才會感受裡面有多麼的珍貴。

生命也是如此，是自己去尋找救贖，不是由誰去解救你，師父在這可以給你唱一曲華嚴字母，可以唱一曲鐘聲偈，但是曲終人散，大家回去了還是得靠自己。所以我體悟到，做為一個天鼓的職責是那麼的重要。每次我見到人就要告訴你：「你念了多少部《華嚴經》？」今天看到有人持誦了 500 部《華嚴經》！這應該是生平第一次，真的聽到有人可以在八年的時間誦念了 500 部《華嚴經》》，這就叫做勝解！這也是幾年前我才漸漸發現這個經典真的很厲害，太厲害了。

超登佛界最高峰，廣大勝解持華嚴

每次跟人家分享，說要念《華嚴經》，《華嚴經》有多好呢？我就用一個 11 天攀登喜馬拉雅山的經驗談來分享。這是世界第十高峰 - 安納普納峰，2013 年，我去尼泊爾攀登基地營，總計 11 天的時間來回，只為了拍這一張日出，在 ABC 基地營，高 4,130 公尺。為什麼要跟大家講這個經歷呢？這個旅途當中，我們做什麼事情呢？第二天，我們做了一件事情，從 800 公尺往上走，一天之內爬了 1,200 公尺，如果只是單純爬山就算了，是這 1,200 公尺全部是樓梯，就像爬 101 大樓的概念，看著綿延到天際的樓梯沒有盡頭，我們怎麼爬上去？為什麼我們要爬到第一高峰？在佛法當中入聖位前有一個「煖、頂、忍、世第一」四加行位。因為我們是凡夫，想不想看看這個世界，體驗什麼叫做「我站在世界的頂點，所有人都在我的腳下」那種感覺？佛法當中稱這個狀態叫做「世第一」，是凡夫最極致的狀態，在這個時候我再往上一步，就能超凡入聖，這個叫做勝解。

如果，自己沒有達到生命最極致的那個高峰，憑什麼做為人天師範，這是我那時候悟到的道理。我們爬這個地方，就是很好奇那所謂的無上勝境是什麼？忍著那一步、一步，走得真的快要死掉，我這位一輩子不爬山的人，結果爬這種爬不完的

勝　解　之　心

我以廣大勝解心，深信一切三世佛

山，行走了 11 天。有一天，經過六、七個山谷，爬上去又走下來，爬上去又走下來，結果這樣一天叫做零。沒有任何的上升，也沒有任何往下降。修行有的時候是不是很像這樣？有時候精進，有時候又懈怠了，有時候又很精進，有時候又懈怠了，我相信很多人都曾經有這樣的經歷。

但是什麼地方可以給我們解藥？只有佛陀圓滿頓悟的經典。我在《華嚴經》裡面看到四個字，叫做「功不唐捐」。這麼多年的努力，不管你是進是退，都不叫白費，都叫「走在成佛路上」。我們對這麼遙遠的境界，還沒辦法看到的時候，只要不忘記：「我以廣大勝解心，深信一切三世佛。」我相信每個人一定會功德圓滿，一部《華嚴經》在每一個人的生命中，念完一部都已經能叫做不可思議，更何況從今開始，三部、五部、十部、一百部，這都是萬里途程從初步開始的，就如同這個登山的經驗。

念念相續無有間斷，身語意業無有疲厭

在這十年的弘法過程當中，為什麼每次開卷會選《華嚴經》？每次開卷它都像剛剛認識的朋友一樣，都像第一次見面，因為每次念完八十卷，前面都忘光了。這部經的殊特是它永遠會帶給你種種的新奇，每次在不同的章句中，得到新的啟發。真心想想，天下哪有這麼好的經？一般人追劇，看完一遍再看第二遍，這時你就知道犯人是誰，兇手是誰，等一下男主角要愛上誰，這樣是索然無味的。世間種種一下子就索然無味了，再帥再美麗有什麼好羨慕的呢？轉瞬一下就沒了。真正能陪伴我們一輩子的，就是如來的無上甚深微妙法，《華嚴經》真的是次次開卷，次次有益，所以師父每次都是非常地誠懇地邀請大眾來誦讀這一部經典。

你看，現在我又變成天鼓了，「你念了幾部了？」「你要用功幾部？」我們不要懈怠，因為今生我們與佛陀相遇，無上甚深微妙法，這部經真的太微妙了，師父自身每次都有非常大的體悟，真正勸勉大眾不要放棄它，因為這裡面就存在著勝解之心。世間上的一切，沒有辦法一直維持，普賢菩薩在經典中就告訴我們這個道理：「盡虛空界，盡眾生界，盡煩惱界。」最後就入到了所謂的「不可思議解脫境界」。

今天是一個圓滿的日子，在這個地方也跟大家做圓滿的分享。這麼多年推廣《華嚴經》，我們沒有什麼太大的智慧，但是至今我們已經結緣了三十萬部！勉強可以做為這世上供養《華嚴經》的代表。希望每位認識我們的大德，並不是在知道我們的偉大，是要大眾好的東西要互相通知：「寶嚴禪寺在供養《華嚴經》。」供養《華嚴經》我們是「無遮」，供養每個人無上甚深法寶，諸供養中，法供養為最。希望我們能供養世界每一位諸上善人，最後人人都應當成佛，人人都必定成佛。

聞法啟示　心經萬法·天鼓共鳴

在誦讀《華嚴經》的過程中，我們不僅是在學習一部經典，更是在跟隨佛陀的足跡，探索成佛的道路。《華嚴經》豐富的福德智慧，為我們的修行之旅提供了滋養和指引。透過每日的誦讀與實踐，我們逐步累積了生命的深度與廣度，使自己每一刻的存在都與佛陀的教導相遇、相融。修行的路途並非一帆風順，但正是這些挑戰與困難，造就了我們與佛陀相遇的契機。當我們在生命的每一個當下秉持佛法，將《華嚴經》的教誨轉化為行動的力量，我們的生活自然昇華，彰顯了佛法的實踐價值。

修行，是一條自我發現的路徑。通過《華嚴經》的學習，我們不僅認識到了自己內心深處的無限潛能，更找到了與宇宙萬物和諧共存的方法。這份洞察讓我們明白，成佛並非遙不可及，而是每一個當下秉持正念、正行的結果。每次誦讀《華嚴經》，都是

一次心靈的洗滌。文字背後的意義遠遠超出字面，它們激勵我們追尋更高的自我，勇敢面對生命中的每一個難題。這不僅是對知識的學習，更是對智慧的領悟。

與此同時，《華嚴經》也教導我們慈悲與包容。在這個多元的世界中，每個生命都有其存在的價值與意義。學會欣賞他人的光芒，同時也讓自己的光芒照亮他人，是修行過程中的重要課題。透過相互支持與鼓勵，我們共同成長，朝向光明的道路邁進。

這是本書最終篇，但我們的修行之旅並未結束。感謝《華嚴經》帶領我們走過的每一步，讓我們有機會在這條路上相遇、相知、相助。更感謝與我同行的師兄們，讓這段旅程更加富有意義。在未來的日子裡，讓我們持續以《華嚴經》為指南，用佛法的智慧照亮自己與他人的生命，讓這份光芒無遠弗屆。讓我們繼續在修行的道路上探索、學習與成長，以開放的心懷對待一切，真誠地面對自己與這個世界。

當我們的心靈如蓮花般潔淨、如明鏡般清澈，我們便在每一個當下，與佛陀相遇。

後　記

有些事不是有意義才去做，而是做了
才會有意義

epilogue

在這個喧譁紛擾的世界中，十方居士大德都在尋找一個屬於自己心靈的避風港，這也是傳塵大和尚提倡誦讀《華嚴經》百部的原始初衷，這看似一項艱鉅的挑戰，卻也是大和尚精神修行的一個宏大目標。它不僅是對自我的挑戰，更是一塊靈魂深處向淨土敲響的敲門磚。一天一卷，一年四部，25 年圓滿一百部《華嚴經》，這份耕耘不僅僅是時間的堆砌，更是心靈的滋養。因為在這分分秒秒的過程中，每一句經文，每一段修行的記錄，都在進行著量的積累與質的轉化。

我一直相信：「有些事並不是有意義才去做，而是做了才會有意義。」這樣的理念在《華嚴經》的學習與修行中得到了深刻的體現。每一次的誦讀，或許在開始時只是為了達成一個目標，但當你真正投入其中，與經文之間的相應便自然產生。這份相應不僅改變了我對世界的認知，更是讓我內心深處發生了質的轉變。

《華嚴經》如同一面鏡子，照見你我心中的塵埃。當你認真地反覆誦讀，那些困惑和迷茫逐漸消融，取而代之的是一份明澈與寧靜。修行的路徑並非一蹴而就，而是需要持之以恒的細水長流。

正如種下一粒種子，需要日積月累的灌溉與照料，才能期待它終有一日綻放美麗的花朵。這份修行的過程，就像在漫長的路途中不斷地尋找那一盞指引方向的明燈。雖然路途遙遠，但當我們真正踏上這條路，那份來自心底的滿足與喜悅，是任何言語都無法形容的。這種來自內心深處的轉化，是每個尋求真理之人最珍貴的財富。

在這最後，我想對每一位正在尋找自己的朋友說：「不要害怕長途的跋涉，因為每一步都是對自我的超越，每一次的努力都是對未來的投資。讓我們帶著一份平和的心，一步一腳印地走好人生的每一步，因為你的每一步都值得！」

寶嚴文創院院長 法琰

奧日光	秋田內陸線	奧入瀨	奧入瀨	銀山溫泉
東北藏王		日光華嚴瀑布	只見鐵道	奧入瀨
	城倉大橋	河口湖	登別地獄谷	山形藏王
秋田內陸線	奧入瀨	Team Lab	尼泊爾	仙台白石川堤
鳴子峽	東北楓葉	小安峽	北上展勝地	奧入瀨

墨爾本　　　　東北蔦沼　　　　東京足利花園　　　東京足利花園

淺間公園　　　　東北白石川堤

京都哲學之道　　尼泊爾魚尾峰　　京都知恩院前　　東京足利花園　　東京足利花園

   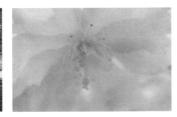

東北弘前城　　　雲洞山莊　　　　奧入瀨　　　　　　　　　　　　東北弘前城

長野臥龍公園

傳塵大和尚

天鼓颺塵

攝影 / 開示

精選集　　寶嚴雲集

天鼓颺塵：傳塵大和尚攝影 / 開示精選集 / 釋傳塵作.
-- 新北市：寶嚴國際文教圖書有限公司出版；
[高雄市]：社團法人臺灣圓道佛教文化交流協進會發行, 2024.05

　　面；　公分

ISBN 978-986-99613-3-2(精裝)

1.CST: 攝影集 2.CST: 佛教藝術 3.CST: 華嚴部

224.56　　　　　　　　　　　　　　　113005838

作者：釋傳塵
攝影：釋傳塵
發行人：釋傳塵
發行：社團法人台灣圓道佛教文化交流協進會
法律顧問：永然聯合法律事務所李永然律師
總編輯顧問：林佳蓉
總編輯：寶嚴國際佛學研修院編輯部
文字編輯：寶嚴僧團、法琰、法運、法穎
英文編輯：法灼
美術編輯：寶嚴僧團
校稿：法虔、法格、法文、法覺、法熹、果堅、法嵐、演博
出版：寶嚴國際文教圖書有限公司
印刷廠：中興彩色印刷股份有限公司　電話：02-22425730
裝訂廠：精益裝訂股份有限公司
倡印：寶嚴禪寺、財團法人圓道文教基金會
銀行名稱：星展銀行南京東路分行（銀行代碼：810）
戶名：60228201588

流通處：
台北寶嚴善首講堂
台北市松山區光復北路 112 號 11 樓　02-2577-2978

新北寶嚴善覺講堂
新北市板橋區四川路一段 178 號　02-2964-6617

桃園寶嚴善親學堂
桃園市龍潭區百年路 41 號　03-479-8285

台中歡喜學堂
台中市北屯區松竹五路二段 27 號　04-2437-7011

高雄圓道禪院
高雄市鼓山區美術東八街 8 號　07-522-4676

西元 2024 年 5 月 / 佛曆 3051 年佛誕日出版一刷發行
ISBN：978-986-99613-3-2
定價：新臺幣 2000 元
版權所有 翻印必究

寶嚴禪寺官網